大都會文化
METROPOLITAN CULTURE

大都會文化
METROPOLITAN CULTURE

大都會文化
METROPOLITAN CULTURE

大都會文化
METROPOLITAN CULTURE

別讓人賣了還在幫人算錢

詭譎多變的世道，
這些人你不得不小心

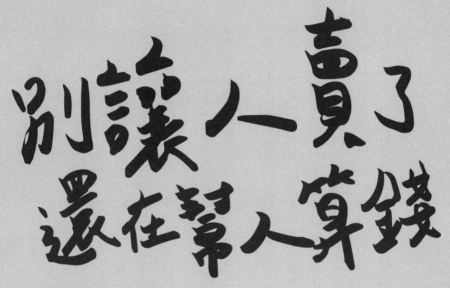

前言

一句：「人在江湖飄，誰能不挨刀」說出了世道的辛酸和滄桑，我們在社會上求生存、求發展，就必須和各種各樣的人打交道，而老話卻說「知人知面不知心」，誰也不知道與我們相處的人，到底是一個什麼樣的人。也許正是因為我們往往會被對方的外表迷惑，挨刀也就在所難免了。

想要在這個紛繁複雜的世界裡生活如魚得水，如果只是要能平安穩定，那就須要提防一些會傷害你的人，一旦接觸到這樣的人，你就要提高警惕，處處留心。

有些人是道德品質的問題就不能不當心，比如說笑裡藏刀的人或偽君子。這種人往往是披著和善的外衣，讓人覺得他是一個和藹可親的人，來騙取信任，並從你那裡得到他們想要的意圖或其他東西，然後開始利用你對他的信任來攻擊你，在你還沒有意識到的時候，已經把你弄得遍體鱗傷。還有些人比如沒良心、不孝子，這些人幾乎沒有什麼道德可言，在他們的身上，找不到一點人性當中的善良和溫暖，與其被這些人傷害，不如早早地就遠離他們。

另外有些人是由於自身素質或者成長環境的關係，往往有一些會損害別人的毛病。比如說說三道四、愛說大話的人，但這些人通常不是有心要傷害誰，只是出於自己的習慣，但是他們的無心之舉，可能就會對你造成極壞的影響。

還有些人是因為自己沾染了不良的嗜好，吃喝嫖賭，任何一樣都可能會使一個人變成喪失良知的人。他們為了滿足自己的嗜好，往往是什麼事情都會幹得出來。和這種人相處，一定要當心，一方面不要讓他們把自己拖下水，另一方面不要被他們矇騙。

林林總總，難以概述，社會上存在著各種我們需要提防的人，我並不是要大家對每一個人都拒於千里之外，只是希望每一個人都能夠平平安安地在這個社會上生存，不會被別人矇騙、被別人傷害；只是希望每一個人都可以遠離那些品行不端的人，和那些正直善良的人做朋友；只是希望書中提到的人物，在這個社會上不再有任何的生存空間。

需要當心的人，並不是透過一本書就可以說清楚的，我們只是盡可能地讓讀者能夠警覺地重新審視一下自己周圍的人，避免遭到傷害。

第10種人　賭桌上的惡魔　250
這種人恨不得一天二十四小時都能耗在賭桌上，他們深陷於此，不能自拔，最可怕的是他們會為了賭錢，不擇手段。

第11種人　披著羊皮的狼　256
這種人通常披著精美的外衣，但是依然不可能掩蓋他們污穢的心靈，也許會對你造成傷害，或許會拖你下水。

第12種人　天地不容不肖子　285
這種人天良喪盡，連生他養他的父母都可以置之不顧，這本身就太可怕了。一個人連自己的父母都不愛，他還會在乎什麼人呢？

第1種人
八卦情報站

這種人往往四處傳閒話，有些人是無心之舉，純屬個人的愛好，有些人則是惡意為之，故意造謠生事，無論是哪一種，都會對你造成莫大的損失。

「大嘴巴」也有尷尬時

我們會遇到這樣一種人：他們到處散布別人的「隱私」，每天不是東家長就是西家短，沒完沒了，讓人厭煩。他們或許只是沒事閒話家常，或者增加一點飯後的話題，但是他們的言詞對別人產生了很大的影響。

我曾經遇到過這麼一位女士，年約四十來歲，外號就是讓人覺得可怕的「大嘴巴」。她的本職工作是在辦公室裡整理檔案資料。守著一大堆的資料不看，她整天張家長李家短，我都覺得新鮮，也不知道她從哪裡來的那麼多消息，反正她總能得到公司裡最新的八卦消息。我覺得她具備做間諜的本領，有捕風捉影的洞察力和鍥而不捨、不怕白眼的決心；還兼備做主播的天分，能把看來的、聽來的甚至編來的故事講得頭頭是道，唯妙唯肖。

「大嘴巴」之所以敢在公司口無遮攔，因為她的老公是我們部門的經理。有一天我在資料室碰了個釘子，在那裡工作的梅小姐居然一邊照鏡子塗口紅一邊說她在忙，等一下才能給我找資料。我氣呼呼地從資料室裡出來，沒想到「大嘴巴」也跟了出來，湊過來對我說：「你不知道啊，梅大小姐是公司副總的表妹，一個高中畢業的就來管理資料室，薪水還比我多了一千塊。」

我目瞪口呆地看著他：「你又知道？」

「大嘴巴」一臉得意地笑：「我就是知道啊，也不是我喜歡問，都是人家告訴我的。」

「大嘴巴」天生就是做間諜的本領。她知道公司裡幾乎所有的資訊，人事部的祕書是哪個經理介紹來的，知道為什麼某某某沒有升職，還知道某部門的經理怎麼一步步成為某副總的人。她可以明明白白地講述整個過程甚至細節，有如親見。但是，有她在也不是沒有好處。她告訴我們主管今天早晨被總經理罵了，心情不好，我們就會小心謹慎，如履薄冰；她通知今天下午二點半所有部門經理去飯店開會，我們就可以在辦公室大肆狂歡。

有一天「大嘴巴」神祕兮兮地告訴我：「知道嗎？財務部的祕書小白，就是頭髮長長的那個，懷孕了！」

那個女孩我認識，二十多歲年紀，烏溜溜的秀髮，皮膚吹彈可破，是公認的美女，光我們部門就有幾個單身男子在追她。

「不會吧，她結婚了？看上去年紀還小。」我說。

「嘿嘿，就是沒結婚，資料上是未婚。」「大嘴巴」幸災樂禍地偷笑著。

「你看過她的資料？每個人的資料在人事部都是保密的。」我瞪大了眼睛，一向以為她就是在小道消息上有一套，想不到她的觸角可以延伸到保密資料上去。

自從那天以後，每次看見小白，我都忍不住瞄一眼她的肚子，好像沒什麼徵兆。不過，「大嘴巴」的消息一向不是空穴來風，她說已經有三個月，還不至於太明顯。但最近小白面色憔悴，少了許多光澤，低眉順眼的樣子，透著可憐。忽然我覺得我們知道她這樣的隱私是一種罪孽，好像是我們傷害了她。

沒多久，「大嘴巴」又來通知我們，小白辭職了，剛向人事部提交了辭職信。這邊的討論還沒有開始，小白就無聲無息地走了進來。她憤憤地看著「大嘴巴」：「這下你滿意了？」

「大嘴巴」尷尬地站著，沒有回答。小白狠狠地咬著牙：「你喜歡宣傳不是嗎？你有後臺就可以為所欲為嗎？我告訴你，我也有後臺，我的後臺和你一樣：你的老公！」那一刻「大嘴巴」的臉色變得慘白。辦公室裡鴉雀無聲。

我已經從那家公司辭職了，可是那一幕始終讓我記憶猶新。如果你的身邊也有這樣的「大嘴巴」，一定不要和這種人談論私生活，甚至你的年齡、學歷、經歷、愛情婚姻狀況等。不要隨便對她說出自己的過去和心理的想法，以免成為別人茶餘飯後的話題。

對待「大嘴巴」的無聊散播，你也要敢於揭穿他們，千萬不要成為「二級」大嘴巴，這樣反而會助長他們的氣焰。只有勇於制止他們，才會讓他們噤聲。

閒言閒語

在我們身邊有人愛說閒話，這是很正常的。愛說閒話的人，幾乎無處不在。

一個人說另一個人的閒話，或多或少都有一定心理上的原因，或許是為了發洩心中的不滿，或許是為了滿足自己某種陰暗、狹隘的心理。他們喝著熱茶，搧著小扇子，翹著二郎腿，扯著別人的閒話，或透露一些別人的隱私，或影射一下別人的人格，不管是直接散布，還是委婉道出，或是加油添醋，都是對他人的一種褻瀆和踐踏。會影響人與人之間的團結合作，更不利於彼此之間的和睦相處。

然而經常把別人是非講給他人聽的人，不知哪一天連聽他傳閒話的人也會成了他閒話中的主角，這樣的人，有誰還敢接近他呢？有些人一聽到些許雜瑣的、無關痛癢的話，就會一傳再傳，慢慢地添油加醋使整個事件面目全非，或許這個謠言傳到當事者耳中，就像是在聽別人的故事一樣。這麼一來，對當事人會造成極大的傷害，人際關係當然會出現一條很深的裂痕了。

愛說閒話的人，大多有點不成熟，並且有點心理上的畸態。這些人往往要在別人的是非之中獲得自己的滿足和充實。這些人的生活是無聊空虛無所事事的，卻偏偏要無中生有，惹出事端。與這樣的人來往，最容易惹禍上身。到頭來，好人也成是非人。這些人，為了滿足瞭解他人隱私的陰暗心理，往往不擇手段，面對這些人我們一定要小心為妙。

客觀地說，說閒話，是人皆有之的。有人明顯，有人淡然。所以「隱私」是說閒話的一大重頭戲。男女之事，總是讓「有心者」備加關注。

有些人原本是「流水無情」，在這些「落花有意」之人的指引下倒是走上了伊甸園之路。說閒話的人，往往會神祕兮兮地對你說：「這事我就告訴你，千萬不能傳出去……」他對每個人都視為知己地傳播他的新發現，並且擅自想像，並將想像當作鐵的事實。

「大嘴巴」是討厭甚至可恨的，因為他們傳播的謠言可能會引起家庭、戀人或主管和同事之間的矛盾、懷疑……。

你偶爾開玩笑說一句什麼話，說閒話的人可是「聽者有心」，將它製造成特別新聞，以至於給你造成不必要的麻煩、惱怒、誤會和痛苦。所以，要小心在這些人面前的言行。愛說閒話的人，在你所處的社交圈中，絕不會遺漏任何一個人的，不管你說什麼、做什麼，這些人都能自成一體地編造一些情節、事端。對這樣的人，人們是不敢輕易密切來往的。

在茶餘飯後說閒話的人是工作效率最高的人，他們總是在「不經意」中把那些不可告人的祕密弄得世人皆知。別人在不知不覺中，已經成了新聞事件主角。當事人還在莫名其妙的時候，「地球人全都知道了」。而那些「新聞事件主角」的生活實在是如履薄冰。即便一位當權在位的人物，為人行事再光明磊落，一旦面對足以淆亂人心的是非流言時，仍然要謹言慎行，忌憚小心，無法無動於衷。

愛說閒話的小人正是摸準了這種心理，得以暗施奸計。一方面他們設法取悅主管，一方面對自己的異己「瘋狂」打擊。他們深知，要扳倒一個人，要弄一個人，如果用正當手段達不到目的，就出奇制勝危言聳聽，在一般人想不到的地方下手。有的時候，越是離奇的傳聞越是有人相信，一個正人君子做了誰也沒想到的齷齪之事，人們能不感到震驚和失望嗎？愛說閒話的小人就經常利用這種心理，來達到自己的目的，但是更可悲的是，其險惡用心卻常常得逞。

當然，愛說閒話的人，也不全都是險惡之徒，大多只是喜歡說些「趣聞」。有時，他們不是原創者，而是傳著被別有用心的人所製造的謠言。他們大多是極不負責任地說說而已，從未考慮事情的來龍去脈，也不會進行理性地判斷、分析。

認清身邊的「大嘴巴」

正常人格意味著人的自尊、自強及自我認知，而有些人則不然，這種人常常喪失自我，最常見的表現為情感空虛。他們平日裡無所事事，愛打聽別人的是非，傳播隱私，甚至捏造事端，惟恐天下不亂。這些人的存在是一個巨大威脅，他們是影響人際關係的毒藥，如不加以防範，這些人將有可能傷害到你。

這類人常有以下幾種表現：

①造謠：傳播沒有事實根據的傳聞和捏造的消息。傳播的「資訊」，一說出口概不認帳。其目的在於蠱惑人心，製造事端，魚目混珠，破壞搗亂。

②搞「克里空」：「克里空」是原蘇聯衛國戰爭時期劇本《前線》中一個捕風捉影、捏造事實的新聞記者的名字，後被人們藉以泛指新聞報導中背離事實、虛構浮誇的報導作風。

③三姑六婆：這種人時常無所事事，遊手好閒，他們以品頭論足、惡語中傷為樂事。街頭出現一件新鮮事，他們恨不得添油加醋地評論三個月。造謠滋事成為他們精神生活的一部分。

我們再來看看傳謠者的面孔，人們給這類人的綽號更加生動形象。

①傳「活電報」：電報的特點是快。而「活」字則是傳謠者的特點。唯「活」才能有聲色，唯「活」才能蒙蔽人。「活」就是靈活，能伸能縮。不少人就在這一傳二傳中大做文章，於是「三人成虎」，指鹿為馬。

②「傳聲筒」：傳聲筒的優點是如實轉達，但是缺陷在於不假思索和不加分析。表現最突出的兩個方面是道聽塗說和以訛傳訛。道聽塗說，本身缺乏完整性和可信性。以訛傳訛，往往危言聳聽，害人匪淺。

③咬耳朵：這類人傳播謠言是在暗中或私下進行的，他們對於小道消息特別感興趣，聽了馬上就傳。或誤聽誤傳以媚上取寵；或利用他人的猜測心理搬弄是非；或是乾脆藉以誣陷他人，惡語誹謗。值得注意的是，信謠者對這類人的消息往往格外重視。

對於究竟如何判定誰是「大嘴巴」，除根據上述六種表現來判斷外，還可以先做幾次試驗，告訴他幾個小祕密，看這些所謂的祕密是否洩露出去。透過這麼做，可以知道對方是否能守密。此外，若發覺你透露給他的東西，遠多於他透露給你的，你就要特別留意了。觀察對方對人的態度，如果這個人無論是對誰，都表現出過度的熱情與關懷，大多是靠不住的，體會對方的微笑是否真誠，如果一個人只是皮笑肉不笑，他一定懷有其他目的。

痛擊流言

在我們的朋友當中有這樣一些人：他們到處散布別人的流言蜚語，搬弄是非。這類人也許只是閒著沒事，或者想要隨便說點有意思的事，炒熱一下大家的氣氛，但他們的言行卻對別人產生了很大的影響。

蘇小姐為人善良，又十分好強。大學畢業後，她進入一家公司。一進公司，主管就組織同一時間來的三十個女同事進行培訓。三個月後，只有蘇小姐一人分發到總經理辦公室工作，其他人全分派到了各個部門。蘇小姐很高興，在總經理辦公室工作，有許多事要從頭學起，她虛心向老前輩請教，勤奮學習，細心觀察別人處理問題的方法。蘇小姐腦袋比較靈活，辦事也有一定的能力，所以很得主管賞識。

就在工作取得一定成績的時候，她聽到別人的議論，說她是靠不正當手段被分到總經理辦公室的，說她與主管的關係不一般等等閒話。蘇小姐的主管有能力，但名聲的確不好，為人粗魯，經常開過頭的玩笑。蘇小姐對他也很看不慣，但畢竟是自己的主管，又能怎麼樣呢？所以蘇小姐一向對他敬而遠之。可是有些同事總是在背後議論她的品行，他們這些無中生有的議論，使蘇小姐心理壓力很大，她沒有用任何手段使自己分到總經理辦公室工作，她自認為是憑本事得到這一份工作的。可是「人言可畏」，自從聽到傳言之後，蘇小姐處處小心，時常感到孤獨、煩惱，進而影響到工作，精神難以集中，每天都生活在煩惱之中。

上例中的蘇小姐就是一位典型被流言所傷的受害者，男女關係是愛搬弄是非的「大嘴巴」們最喜歡傳播的小道消息之一。當然，這類人散布的流言不僅僅是這一方面，他們散播的話題非常廣泛，比如，你工作有了一些成績，家庭出現一些問題，甚至多接幾個電話都會有流言產生。流言蜚語是軟刀子殺人，使人陷入深深的痛苦之中而不能自拔。

那麼，應該怎樣對待這些流言呢？

如果在事情發生以前，你有了充分的認識，那麼在受到不公正待遇時就不會影響你的情緒和生活，同時也說明你是一個意志十分堅強、頭腦十分清楚的人。所以，你要提高對流言蜚語的「免疫力」，與那些喜歡搬弄是非的「大嘴巴」們坦然相處。

事實上，有時候有些流言不容我們坦然處之，那些搬弄是非的人散布流言不僅僅是因為閒著無聊，而是有一定之目的。也正因為如此，我們對搬弄是非者應當區別對待，那就是要根據流言的性質和產生的影響程度，選擇恰當的回擊方法。

如果是一般的閒言碎語，那麼就可以採取與對方交換意見、進行解釋等方式。如果流言屬於惡意誹謗，而且證據確鑿，那麼，就應該訴諸法律。因為惡意誹謗者一般是不可能用交換意見的辦法來解決的。

大慶與何女士在同個部門工作。有一天，大慶與何女士外出辦事時在火車站被同公司的小蟲發現。從此以後，小蟲就到處散布大慶與何女士有不正當關係的消息，對何女士和大慶的工作、家庭和生活產生了極其惡劣的影響。一個月以後的某天下午，大慶的妻子不知從哪裡聽到流言，竟然跑到何女士住宅樓下辱罵何女士。何女士由此精神受到刺激，家庭關係日趨緊張，她想不開竟割腕自殺，經搶救才脫險。後來，此事被訴諸法律。

如果你周圍存在這種愛搬弄是非的「大嘴巴」，而你又不幸成為他搬弄是非的對象，那麼在必要情況下，你就應當運用法律手段加以解決。因為只有這樣才能保護你自己的合法權益不受侵害，才能維護你的名聲和信譽，才能徹底消除流言對你的負面影響。

人們常常覺得與那些搬弄是非的「大嘴巴」們很難相處，其難點在於他們傳話的速度實在太快而很少有你插話的機會。如果你能提前與這些無事生非的人在某件事情上進行交流與合作，那麼通常是可以避免受到他們傷害的。

與搬弄是非的「大嘴巴」們相處，你可以採用以下的方法：

①勇於拒絕：與不同類型的「大嘴巴」來往，有不同的表現形式。與比自己強的人來往，需要誠懇、虛心；與不如自己的人來往，需要謙和、平等。而和那些搬弄是非的人來往，則需要正直、坦蕩。

拒絕答應為「大嘴巴」們傳播的閒言碎語或是流言蜚語保密，有問題就擺在臺面上，以便大家共同解決。認識事物要有正確的方法，要有一定的是非標準。一句話，就是看問題要全面，要有自己的見解，要不偏不倚，不能偏聽偏信。

背後議論別人是一種不道德的行為，幫助別人改正這種習慣也是你做人的職責。幫助「大嘴巴」改變這種惡習行之有效的方法是：尊重對方，以朋友式的姿態善意的規勸對方，要向他表示你的誠意和立場，適當的時候還要與他合作。再就是，巧妙地引導對方獲得正確的認識人的方法。

②置之不理：有些人搬弄是非的惡習已成為自己的性格特點，那麼你就乾脆不理睬他。不要認為把是非告訴你的那些朋友是信任你的，他們很可能是希望從中得到更多的題材，從你的反應中再編造故事。所以，聰明的人不會與這種人推心置腹。而令他遠離你的辦法，是對任何有關傳聞反應冷淡、置之不理、不作回答。

③不宜深交：有時候，儘管你聽到關於自己的是非後感到憤慨，表面上你也必須努力控制自己的情緒，保持頭腦冷靜、清醒。你可以這樣回答：「是嗎？人家有表示不滿，發表意見的權利嘛！」或者說：「謝謝你告訴我這個消息，請放心，我不會在意的。」如此，對方會感到尷尬，他也不會再來糾纏不休了。

如果對方總是不厭其煩地把不利於你的是非輾轉相告，以致對你的情緒造成莫大的負面影響，你應拒絕和他見面或不接他來的電話，因為此類人不宜有過多來往。

搶奪先機應對「抓耙仔」

隨著社會競爭的加劇，採取的競爭手段也越來越豐富了。在各種作風的人中，常常存在一些愛向上級打小報告的人，這也是「大嘴巴」們最愛的事情。

打小報告這種卑劣的手段一旦被別人運用於雙方的競爭之中，那麼無疑，它將對人與人之間的關係、上下級關係以及工作效率和工作氛圍都產生非常惡劣的影響。如果你不幸成為「抓耙仔」的襲擊對象，那你在工作中將處於極其被動的地位，一旦主管聽信了他們的話，那你很可能會因此而失去美好的前途。

你要想在工作中免受打小報告的「大嘴巴」們的陷害，要想減少競爭中的阻礙，就必須掌握具體的應對方法。

在應對打「小報告」的同事時，先發制人是一種處理「抓耙仔」的有效方式。為什麼要先發制人呢？因為一般而言，那些愛打小報告、發黑函的「大嘴巴」們，為了使自己編造的小報告發揮陷害他人的功效，總是要研究人們的心理。日常生活和工作中普遍存在這樣一條規律，即：從總體來說，人們往往對第一印象比較深刻，一旦形成，常常會積澱為一種思維上的定勢。

某位主管對阿玲並沒有什麼特別的印象，既沒有好感，也沒有惡感。如果在這時，一個人對他說阿玲其人是如何品行不軌、道德敗壞等等，那麼，即使他對這個人的話並不全都信以為真，可是，在內心深處卻著實地對阿玲的人品打了個大大的問號，心理上也必然呈現出惡感的苗頭。到阿玲自己或另外的人再為此辯白，說那些攻擊阿玲品行的話語純屬無中生有、顛倒黑白時，已經為時已晚了。因為，這些辯白同前面形成的第一印象發生了衝突，所以，很難重新進行定位。除非這個後來的印象特別強烈或是不斷地進行多次重複，才有可能改變或是沖淡先前的第一印象。這就好比是一張白紙，第一筆劃上去總是清清楚楚，無論以後怎樣修改，原先紙上已形成的影像也很難完全徹底地消除。

這種思維模式對人們的影響很大，「抓耙仔」正是利用人們的這種思維模式攻擊其他人。可以說你周圍的那些愛打小報告的「大嘴巴」，抓住人們心理上的這一特點，想方設法地做到捷足先登、先發制人。而被傷害的人往往由於疏於防範，棋輸後手，大多處於被動的不利地位，有些人甚至連辯解的機會都沒有，不明不白地被人坑了一次。

當然，我們搶先是為了有效地防範和反擊，而不是搶先告別人的黑狀。先行一步防範「抓耙仔」的攻擊，就是我們所說的「搶奪先機」的最好方式。

愛打小報告的主管

「小報告」是指一種不正當的舉報行為。這種讓人起雞皮疙瘩的行為，也是「大嘴巴」們最愛做的一件事情。

趙經理是我工作後遇到的第一位主管，他看上去忠厚善良，總是笑容可掬的，但直到最後，我才明白那完全是他的偽裝。那時我初入社會，十分天真，沒什麼判斷力，註定會被這些人的外表矇騙。

起初我還認為，他平易近人，還常常特意提醒我：「上班時最好別打私人電話，否則小李在劉總前說些什麼，對你不好。」「辦公室裡說話要謹慎，這裡可比學校複雜得多，弄不好就有人捅到劉總那裡。」「小張愛打小報告，你對他應多留心……」

小李、小張是我們部門裡的同事，劉總是公司總經理。我一個剛出社會工作的小伙子，遇到的主管居然像老師一樣關心我，心裡暖洋洋的。我就按趙經理說的，盡量注意言行。

但上班不到一個星期，我就被劉總叫去了：「上班不要用公司的電話聊私事，一個下午居然打了兩個私人電話，影響不好，以後注意點。」

我不敢說什麼，一個勁地認錯，心裡暗暗把小李、小張罵了個狗血噴頭。不知為什麼，這種讓主管不喜見的小事特別多，總是我們還沒反應過來，就挨了劉總一頓罵，而且倒楣鬼永遠是我們三個普通職員。

一天，小李因為路上塞車遲到了十分鐘，還沒來得及解釋，劉總就把他叫過去：「怎麼就你總是遲到？前幾天領辦公用品，聽說你還把一盒影印紙拿回家了是嗎？」

這些都是小李質問我之後才知道的！原來，又有人在劉總面前打了小報告。趙經理對小李說是我反應的。後來仔細一查才知道，都是趙經理幹的！我們這才明白，以前的相互猜忌都是這個趙經理鬧的，我們還鬥個不停。

我漸漸領教了趙經理對下屬的這些詭計。他一出差，每次來電話都指名我們輪流接，以確認我們是否因為他不在而偷懶曠工。平時，我們的分機經常響個不停，但一接起來又沒了聲音，原來都是他在檢查我們是否在座位上。

這些事讓人不爽，但我實在不知道如何和他理論，畢竟他是主管，對我們的飯碗有生殺大權。向上頭反應？但劉總又怎會輕信我們幾個小職員？於是大家就認了。我們三人逐漸怨氣沖天，湊到一塊兒就抱怨，但一點實際用處也沒有。

終於有一天，我實在忍無可忍。這天剛上班，劉總就找我談話：「聽說你對公司這次獎金分配不滿。這是為什麼？」劉總越說越嚴厲，並認為我的意見是針對他。我吃了一驚，開始還辯解，漸漸沉默，後來乾脆問劉總：「是誰反應的情況？」劉總耐不住我幾次三番地問他，終於說出來：「是趙經理。」

就在離開劉總辦公室的那一刻，我下決心：必須找他說清楚。

那天碰巧部門聚餐。我喝了幾杯悶酒，走到趙經理身邊，請他到屋外聊幾句。我轉身先走，當時心跳加速，手心開始冒汗。我點了一根煙。趙經理出來了，依然滿臉的微笑。我壓了壓嗓子：「趙經理，我們都是男子漢，說話爽快。是不是你向劉總打我的小報告？」

趙經理先是吃驚，旋即一臉正氣：「絕不是我！」

「我只提過一句：獎金對行政部門不夠公平。在場的人都聽明白了，我只不過隨口一提，你憑什麼說我對劉總有意見？」

趙經理慌張了，連連搖頭：「不是我，不是我……」

「劉總說就是你！」

「絕不是！」他隨即賭咒發誓，「如果是我說的，我就是婊子生的！」

何必呢？編句謊話為何要拿老娘起誓。看著他著急的樣子，我甚至有點可憐他。我沒說什麼，轉身就走了。過沒多久，我主動調離了這個部門。所經歷的一切，都讓我上了生動的一課，讓我開始成熟起來。可是這種經歷以及成熟所換來的代價，卻讓我心痛不已。

我想告訴那些和我有著同樣經歷的人，先發制人是對付「報馬仔」的有效方式，防範小人捷足先登告狀。如果他是你的主管，那就盡量不要針鋒相對，巧妙利用第三者客觀、中立的態度向主管說明事實的真相，可以輕而易舉地揭穿打小報告者的謊言。不給愛打小報告的主管留下把柄，是應對這類小人的根本途徑，是防止他發黑函的根本方法。如果再遇到這種主管，應奮起反抗，大不了走人。

朋友的傷害最可怕

我們對待朋友往往是很真誠的，把心裡面的話說給他們聽。但是如果你的這位朋友有「大嘴巴」的毛病，你將會面臨什麼樣的局面？

阿凱是一個非常開朗、坦誠的人，對朋友總是敞開心扉，無所不談，所以阿凱的社交圈比較廣。上大學時，有一個比阿凱小一屆的學弟，由於他們的性格、志向以及家庭等方面的情況都非常類似，成了無所不談的好友。

阿凱畢業後，一次偶然的機會，又遇到他的學弟，學弟向他請教一些職場上的事情，而阿凱也是「樂為人師」，毫無保留。巧的是學弟畢業後也進了阿凱所在的公司，而且是同一個部門。阿凱想這下好了，「上陣父子兵，打仗親兄弟」，他和學弟一定可以攜手創造出優異的業績。

工作上的問題，阿凱和學弟一起討論解決，複雜些的業務他們分工合作，最後共同討論解決方案，經常一起工作到凌晨三、四點。他們的精誠合作創造了優秀的工作業績，阿凱和學弟都受到了主管高度的重視和好評。

那天晚上，阿凱和學弟兩個人在辦公室裡，又一次在規定的時間內完成了同行看來「不可能的任務」。時間晚了，不想回家，兩個人索性到一家酒館喝酒談心。毫無戒心的阿凱向學弟訴說了他打算自己做老闆的夢想，準備工作兩年，賺些錢再開公司。

後來，阿凱意識到主管對他和學弟的嘉獎不再一視同仁，學弟明顯比自己更受到器重。阿凱開始不解，找主管談話，主管總是閃爍其詞，談到公司願意把更多的鍛煉機會給那些願意在公司長期服務的員工等等。

阿凱開始反思，後來終於明白，是學弟向主管「報告」了自己的私人打算，才使得謹慎的主管對自己的忠誠度產生了不信任。

不久，阿凱在公司失去了發展的前途，黯然提出辭職，到了另一家公司。從此阿凱有了一句座右銘：「辦公室裡沒有朋友。」

現在的阿凱學會了和別人「下棋」：在細節上保護好自己，不去深入瞭解別人，免去許多不必要的煩惱；不讓別人瞭解自己的私人生活，時時注意保護自己，話題一涉及個人就有意轉移。不再參與他人之間的互相瞭解，辦公室成了絕對的「辦公」場所。周圍的人也有相處得不錯的，但是他不敢也不允許自己把私人感情加到對方身上去。也許可能會從同事發展到朋友，但那一定是已經不在同一個公司的人了。

古人流傳下來一句話「在家靠父母，出門靠朋友。」朋友間稱兄道弟、推心置腹、惺惺相惜，一方面顯現彼此的尊重和平等，一方面編制互助合作的方式。因此交朋友是一件愉快的事情。但是如果把心裡的隱私告訴給那些「大嘴巴」，則是錯誤的。

永遠永遠都不要推心置腹地把你的隱私告訴「大嘴巴」們，否則這就好像在你身邊埋了一顆地雷，沒爆炸的時候風平浪靜，但假如有一天爆炸，你就徹底完蛋了。

微笑面對囉嗦

有些「大嘴巴」還有另外一個毛病，就是無論大小事都要不厭其煩、嘮嘮叨叨說個不停，這些人遇事沒主見，做不了決定。他們往往心態不穩定，碰到點事就慌成一團，還畏首畏尾、感情用事，在小處計較的地方特別多。

如果真有這麼一個嘮嘮叨叨的人在你身邊轉來轉去，你才知道那原來是超級寫實：應該說，這些人不壞，除了有些嘮叨、有些小氣、有些瑣碎以外，還算不錯。但是，這些人真的很讓人受不了。我就曾經遇到過這麼一個人，其實這位大哥不過三十出頭，嘮叨起來卻活像個即將知天命的家庭婦女，所以我們就稱他為「囉嗦大哥」。

「囉嗦大哥」畢業於國內知名大學，並且成功地被主管之女「相中」，很快就結了婚，一直隨岳父岳母生活，在家裡屬於絕對被管的地位，發表意見的機會極少，可是一見到我們，話語就如滔滔江水連綿不絕。不管你搭不搭話，他都一定要說；不管你跟誰說話，不管你們討論什麼話題，公事還是私事，他都一定要插嘴，哪怕與他毫不相干。短短的時間，我們已被迫熟悉了他們家光榮歷史、嫡系旁系三代內的親屬以及各種姻親的詳情，更瞭解了他從小到大的成長歷程，雖然我們不愛聽但總不能戴上耳塞吧。

本來我們辦公室氣氛融洽，工作閒聊兩不耽誤，愉快合作的同時，還不時有人妙語生花，工作得很開心。自從「囉嗦大哥」來了，慢慢的氣氛大變，同事和朋友間竟然到了彼此不敢交談的地步。他說話越多，別的人就越沉默。

一天早晨「囉嗦大哥」語驚四座：「唉！最近我老婆對我很冷淡啊！」辦公室裡結婚的和未婚的全都愕然，不敢笑，也不知該如何做答，只好盡在不言中。「囉嗦大哥」卻不肯甘休，一邊嘮叨一邊上網，恰好公司網站無法登錄，他轉頭問我：「公司網站怎麼不能上了？」

我毫無想法，愣了一下才半開玩笑說：「這個？不是我做的啊！」

他卻是責備的口氣：「你看看，現在不能上了！」

一個網路工程師問我這樣的問題，我只怪自己運氣不好：「網路繁忙是常有的事情，可能一會兒就會正常吧。」

他看我肯回話，馬上嘮叨起來：「我跟你說，不是我小氣，昨天人事科那邊的小劉碰到我，說跟我借一百塊，大家是同事，我當然不能不借了！不就一百塊嘛，給他也沒什麼，但既然他說借，那就是借了，早上我遇到他了，他好像忘了這事，你說我心裡會舒服嗎？」

連我都開始不舒服起來，腦袋裡開始嗡嗡作響，別的同事也開始行動，開喇叭的開喇叭，戴耳機的戴耳機。「我要開始聽音樂了。」我歉意地笑笑，把耳機塞緊些，並將聲音開到最大。如果我註定要被聲音謀殺，請用音樂殺死我吧！

午飯時，「囉嗦大哥」在飯桌上又把那一百塊的憤慨對大家重複了三次，害我們都只吃了平時的三分之一。下午部門例行會議，部門經理講話，會議室裡同事們全都靜靜的，不肯發言。部門經理平時一貫強調我們要尊重「囉嗦大哥」，不相信我們傾訴的苦處。這位大哥這次不負眾望，在會上嘮叨一百塊事件五次之多，最後不僅是各位同事面色蒼白，腦袋發脹，連部門經理也不說話了。兩手抱了腦袋沉默了一會兒後，終於開口說：「求求你，大哥，別再說了。」

我實在對這類人報以萬分的憐憫，但是也確實讓我頭疼。對這類人，情感上要理解，因為他們的心理較為脆弱，承受能力有限，要理解他們，不要妄加指責，而應冷靜對待。不要發怒，盡量以冷靜的微笑應對他，既表示尊重，又使其不知你底細，做到少講或不講。

讓他信服，當他嘮叨時，做出有力的回答，讓他心服口服，他便會言聽計從，不再說話了。對待這種人的壓軸辦法就是沉默。對他不理不睬，讓他自討沒趣，時間一長，他自然不會再黏你。

用事實澄清誣陷

誰都知道「大嘴巴」實在讓人可恨，總想找各種方法，使自己免於受難。我認為應對那些「大嘴巴」的人可以採取旁證的方法。

曾經有某位大型集團的董事長，因為沒有子嗣可以繼承他的事業，所以到了晚年，他的疑心病極重，認為周圍的人都要害他。他的一位祕書利用了這一點，經常對這位老董事長面前搬弄是非，誣陷一位有望繼承集團產業的副董事，在這種情況下，要當事人自己去辯解，已來不及。這時，集團裡的一位顧問，和董事長進行了一次長談，指出那位副董事是無辜的，祕書的做法十分可怕，並舉出歷史上種種事例，希望董事長不要聽信讒言。這樣，才使董事長有所覺悟，祕書的讒言最終被揭穿了。

如果沒有比較超脫的旁觀者勇敢地介入，「大嘴巴」們的讒言往往是很難被拆穿的。當你被「大嘴巴」們陷害，而自己又無法把事實澄清時，你可以選擇這種利用第三者解決的方法。利用第三者客觀、中立的態度向上級說明事實的真相，可以輕而易舉地揭穿「大嘴巴」們的謊言。

在利用旁證應對「大嘴巴」的時候，當事人應當注意：

第一，盡早讓第三者說明事實真相，如果時機選擇得太晚，你的名譽、情緒、工作可能已受到了很大影響，那樣恐怕是來不及了。

第二，所選擇的第三者必須為人正直、勇敢，態度客觀、公正，具有較高的威信，這樣才能達到預期的效果。

「大嘴巴」們從來不敢光明正大地向上級提供某些所謂的「材料」或「報告」，他們進行「大嘴巴」時，總是在暗地裡偷偷摸摸的進行。而偷偷摸摸是這類人最基本的特徵，因為當他們偷偷摸摸地行事時，沒有人與他們進行對質，他們可以毫無顧忌地憑著三寸不爛之舌，隨便亂說。

針對這類人偷偷摸摸的特徵，你可以運用「當眾對質」的方法，把事情的原委公之於眾，而且當面辯論，「大嘴巴」的內容成了公開材料，並且有事實與之對比，「大嘴巴」的影響便被大大限制了。

客觀真實的事實材料是回擊那些憑空捏造、捕風捉影的「大嘴巴」的有力武器。我們每個人在遇到麻煩的時候，只要能確實做到以事實為依據，尊重客觀存在的東西，而不為某些表面現象所迷惑，就能徹底揭穿「大嘴巴」的荒謬言辭，對問題做出較為公正的判斷和處理。

如果不深入進行細微的調查研究，不去掌握真實情況，對他人所講的一切，哪些是對的，哪些是錯的，哪些是不夠完善且存在紕漏的，甚至哪些是出於個人想法捕風捉影、加油添醋而故意編造的，就無法區分清楚。所以我們說，深入進行分析調查，既是客觀地判斷問題是非的需要，也是防範和反擊「大嘴巴」的要旨。

運用摸清底細的方法，可以使你更清楚地瞭解「大嘴巴」們的目的，同時還可以使你更充分地掌握大量確鑿的事實，這樣在最適宜的時機，你就可以對那些人進行強有力的反擊。

俗話說「身正不怕影子歪」，如果你在為人辦事時都做到實事求是、襟懷坦蕩、正直無私，即使有一些設法以「大嘴巴」來誣陷你的人，也難以抓住把柄，因此也就避免了禍患的發生。不給「大嘴巴」們留下把柄，是應對這類人的根本途徑，是防止「大嘴巴」們在他人面前攻擊陷害你的根本方法。要想讓眾人相信自己的清白，要想讓別人信賴、重用，你就必須做到襟懷坦蕩、正直無私，不留任何把柄給其他人。

與「大嘴巴」對質

針鋒相對也是應對「大嘴巴」們的一種有效方法，對他到處傳播的不真實情況進行大膽揭露和堅決批駁。

首先，我們要主動出擊，把所發生的事情原委詳細客觀地公布給大家，使大家對此都有一定瞭解。其次，與「大嘴巴」們進行公開論戰，把客觀事實與那些偷偷摸摸傳播的各種不實之詞等都擺到桌面上來，幫助和引導人們把正確的客觀事實與資訊相互對比、推敲，進行參照。

做到以上兩點以後，那些「大嘴巴」向別人提供的「資料」，真假虛實自然會受到公眾的評判，「大嘴巴」們的險惡用心也就昭然若揭了，他們傳播的謊言也就自然而然地不攻自破。與「大嘴巴」們針鋒相對，可以有效地揭穿這類小人的真面目，同時也可以更堅定地證明自己的清白。

那些「大嘴巴」們由於其散播的內容不符合實際，他們自知心虛，當你與他對質時，是不敢與你對簿公堂的，即使敢，也站不住腳。因此，當你受到「大嘴巴」們的陷害時，不用怕，更不要迴避或默默忍受，而應當站出把事情弄清楚。

遠離長舌族群

有些人喜歡評論別人，另外還有一些人，雖然自己不會開口評論別人，但卻沒有自己的判斷力，別人說什麼就跟著附和。即使別人說的是沒有真憑實據的事也隨意地附和，甚至跟著添油加醋。在我們身邊，這種損人不利己的「大嘴巴」也不乏見。

你可千萬不要在別人交頭接耳議論紛紛的時候，也興致勃勃地加入進來。千萬別忽視了三姑六婆的傳聞，這可能是掀起大風波的起源。這些喜歡聚集在一起交頭接耳說長論短的人，通常在開始的時候都是不經意地隨口說話，然後整件事在傳述的過程中就好像發酵了一樣愈來愈膨脹，最後演變成了不可收拾的局面。尤其是某些人本來就是善妒的，你一不小心觸動了他的嫉妒心，就很難預料他將會怎麼報復你。

所以，當你和人來往的時候，千萬要注意別招惹這種人。但如果因此而將其列上拒絕往來的黑名單，不但使生活乏味而單調，你的交際範圍也會受到限制。

與「隨便」的人保持距離

性情開朗是一件好事。和性情開朗的人交朋友，實在是人生的一大樂事，但是態度過於隨便的人恐怕難以獲得別人的尊敬，而且這種性情的人還會給自己的生活增加一些麻煩，比如，這種人由於性格原因，往往口無遮攔，他們由於說話不注意分寸常常會惹人生氣；不顧場合地開玩笑，無意間會傷害朋友。另外，對待身分和地位比他高的人採取這種毫無顧忌的態度，則會使對方覺得他沒有涵養，不值得重用；對待身分和地位比他低的人時態度過於隨便，也容易使對方誤解。開玩笑的情形也是如此，如果凡事都喜歡開玩笑，即使在講正經話的時候，也很難叫人相信。

個性開朗的人雖然比較好相處，但要受人尊敬，就應該注意管好自己的嘴。以我們自己的生活經驗，在一些娛樂性的場合，我們經常會想起這類人的加入。人們之所以樂意在這些場合找他，主要是為了娛樂的需要，但是，如果人們只是在這種時候才想到他，這並不是一件什麼好事。至少一個只有在「消遣」這方面有優勢的人，是不會被他人委以重任的，因而也不會受到人們發自內心的尊敬。

如果一個人僅以單方面的特長去獲得別人的友誼，這樣的人其實沒有什麼價值可言。由於他不具備其他特長，或者不懂得如何發揮其他方面的優點，他也就很難受到他人的尊敬。記住一個重要的處世原則就是，不論在任何時刻、任何環境，都要與保持穩重的生活方式和處世態度的人交朋友。

那麼，到底怎樣才是具有穩重的態度呢？所謂具有穩重的態度，就是在待人接物中要保持一定的「威嚴」。當然，這種帶有一定威嚴的態度與那種驕傲自大的態度是完全不同的，甚至可以說是與之完全相反。這種反差就如同魯莽並不是勇敢的表現，亂開玩笑並不等於機智一樣。我們這樣說，並無意去貶低那些驕傲自大的人，但是傲慢、自負的人確實很容易惹人生氣，甚至讓人嘲笑或輕蔑。

一個具有穩重態度的人，是絕對不會隨便拍馬屁的；他也不會八面玲瓏，四處去討好他人；更不會任意滋事造謠，背後批評別人。具有這種態度的人，不僅會將自己的意見謹慎清楚地表達出來，而且還能平心靜氣地傾聽和接受別人的意見。如此待人處世的態度，可以說具有穩重的威嚴感。

這種穩重的威嚴感也可以從外在表現出來，即只在表情或動作上表現出鄭重其事的態度，當然如果你能在此基礎上再加上生動的機智或高尚的氣質這種內在的東西，就更能增加你的尊嚴感。相反的，如果一個人凡事都採取一種嘻嘻哈哈，對任何事都無所謂的態度，在體態上總是搖搖晃晃，顯得極不穩重，就會讓人覺得這個人十分輕浮。如果一個人的外表看上去非常威嚴，但在實際行動上卻草率之至，做事極不負責任，這樣的人也仍然稱不上是一個具有穩重威嚴感的人。

因此，在交友的過程中，就一定要注意盡量多和那些具有威嚴感的人相處，遠離那些態度隨便的人。

讓誹謗者後悔

我們身邊，總會有一些人擅於「說故事」，到處走漏風聲，甚至還會惡意中傷，在別人面前說你的壞話，那麼你該怎麼辦呢？我想透過下面這個故事，你會得到很多。

格蘭特兄弟發財後，並沒有忘記那些仍受貧窮折磨的人，他們兩人樂善好施，用辛勤勞動、艱苦創業得來的巨大財富慷慨地捐給公益事業，比如建教堂、辦學校、不斷提高工人的福利待遇等等。格蘭特兄弟以他們的仁慈和善行贏來了人們的尊敬和愛戴。他們的工廠為許多無家可歸和謀生無路的人提供了就業機會，他們的善舉給當地的人們作出了表率，這個地方到處充滿了活力、歡樂和繁榮富裕的景象。

然而對於格蘭特兄弟無可挑剔的品格，卻有人出版小冊子詆毀他們。他給威廉起了個「比利鈕釦」的外號，當威廉聞聽此事後，只是淡然一笑，說這個人會後悔的。威廉的話很快傳到那位誹謗者的耳朵裡，誹謗者說：「哈，這個威廉在警告我，早晚有一天會落到他手裡，怎麼會呢？他太自以為是了，走著瞧吧，他才會後悔呢！」

然而不幸的是，這位誹謗者說過這番話不久，竟然破產了，這真是天意。如果他得不到格蘭特兄弟簽名的執照，他只能關門歇業。他真的落到格蘭特兄弟的手裡了。他真的後悔了。雖然他自知求助於格蘭特兄弟的希望渺茫，但他迫於生存的壓力，還是厚著臉皮硬著頭皮去了。他站在被他稱為「比利鈕釦」的威廉面前，滿臉羞慚地講了自己的情況。格蘭特首先發問：「你從前是不是出過一本誹謗我們的小冊子？」誹謗者面紅耳赤，惶恐不安地點頭承認了自己的過錯。他以為格蘭特會把他的申請書撕掉，不會在他的執照上簽名，但是，格蘭特卻對他寬容一笑，在上面簽了名，並對他說：「我們有個規定，不能拒簽一個誠實商人的執照，而你也的確沒有做過什麼壞事。」

誹謗者眼睛裡充滿了悔恨的淚水。格蘭特繼續說：「記得威廉說過你會後悔的，他的意思是說早晚有一天你會瞭解我們，並會為自己的行為感到後悔。」

誹謗者淚流滿面：「是的，我已經後悔了。」

「好了，事情已經過去，不要再提起它了，還是談談你的生意吧，你準備怎麼辦？」

這個可憐的人毫無自信地回答說，拿到執照後，他的朋友們會出手幫助他的。「但你如何履行合約呢？」

這個可憐的人被問倒了，他已身無分文，全部財產都給了債權人，唯一的出路是四處去借貸。

「朋友，這樣可不行，不能讓你的妻子和孩子們跟著你受罪，這樣吧，我這裡有一張十萬歐元的支票，你先拿去，振作起來，從頭再來，一切都會好起來的，我相信你會成為最出色最優秀的商人。」

這個被感動得說不出一句感激話的破產商人，像個孩子一樣，兩手蒙面，嚶嚶哭泣著，走出了格蘭特兄弟的公司。

許多年過去了，格蘭特兄弟胸懷寬容的精神依然令後人感動，他們的仁慈和善行一直被人們廣為傳頌。據說大作家狄更斯被他們的事蹟深深打動，在描寫查雷伯兄弟時，就是以格蘭特兄弟為原型的。

正直、仁慈和寬容，是一個成功者必備的條件。具有這種特質的人，一旦與堅強的毅力融為一體，那麼他就具有勢不可當、驚天動地的力量，無論任何邪惡、各種艱難困苦和不幸，他都有能力忍受與克服，取得最後的成功，至於那些「大嘴巴」，相形之下實在是太渺小了，根本對這些人構不成任何威脅。

第2種人 霸道不講理

這種人蠻橫不講理，做事只考慮到自己。在外人面前或許表現溫順，但對自己身邊的人，他可是毫不留情。

廁所裡的蒼蠅

霸道的人最喜歡有成果就攬，有責任就推。如果你的周圍有這種人，那就看看這個故事，也許會給你一些啟發。

「小陳太過分了！」小李剛被經理罵了一頓，「成績都是他的，責任都是我的，跟他一起做事算我倒楣，這個月獎金又泡湯了！」小李的話立刻引起其他同事的共鳴。小陳做事經常要小人伎倆，大家一起做專案，他不僅挑肥揀瘦，而且占他人之功為己，一出事，責任卻往別人頭上推，但他每月報告寫得天花亂墜，偏偏經理就信他。小李也不是第一人因為他的讒言而被扣獎金，為了遏制小人的行為，大家決定懲戒小陳，也讓經理擦亮眼睛。

小李和小陳共同負責銀行資訊系統的開發，他們在測試時，小李發現小陳的部分原始碼存在問題，可能導致某些程式無法正常運行，但大家誰也沒有告訴他。在給經理進行程式演示的時候，大家異口同聲地誇獎程式編得好，經理問是誰的功勞，果不其然小陳立刻開始邀功。

剛開始程式運算還算順利，但小陳的那段原始碼終於出了問題，後面進行不下去，他情急之下故伎重演：「這部分是那個誰寫的吧？」經理聽了不禁皺起眉頭：「到底是誰編的？」小李假裝茫然，小陳一看有機可乘乾脆金蟬脱殼、推卸責任。而這時，小李胸有成竹地上臺，沉著地找到了問題所在，經理終於恍然大悟：小李才是幕後英雄。從此以後，小陳的那套小人伎倆再也沒有殺傷力了。

如果你的朋友中有這樣的人，不要得罪他們。俗話説：「寧願得罪君子，也不要得罪小人。」小人比君子敏感，心理也較為自卑，因此言語上不要激怒他們。保持距離，別和他們過度親近，但也不要太過於疏遠，好像不把他們放在眼裡似的，否則他們會想「你有什麼了不起？」這時你就可能倒楣了。

吃點小虧無妨。如果是小虧，就算了，因為你找他們不但討不到公道，反而會結下更大的仇，你以後可能會吃更大的虧，所以還是暫時原諒他們吧！

事實證明，對付霸道的人關鍵就是團結大家，利用集體的智慧，讓他的小人伎倆當場現形，挫挫他的銳氣。如果礙於情面或講君子風範，吃虧的只能是自己。

如何與霸道的主管相處？

某位主管天生脾氣暴躁，情緒很容易失去控制，屬於典型的霸道主管。他們經常會為了一點芝麻綠豆的小事對下屬大發脾氣，有時根本就不是下屬的錯誤，他也會不分清紅皂白地指責下屬，甚至還會不分場合公開地斥責。

如果出現了這種情況，作為這種霸道主管的下屬，你應當如何應對呢？應當把握時機，積極辯護。一味盲從是懦弱無能的表現，辯護不等於逃避責任。被主管批評或指責，雖然應該誠懇而虛心地聽取意見，但並不是說你一定要忍氣吞聲，不管他說的對不對，都要全盤接受，必要時應該勇於積極地為自己辯護。

與脾氣太大的主管相處，大部分的人都會有過辯解的想法，卻苦於找不到合適的時機和方法，不知道自己應該什麼時候辯解，也不知道自己應該採取哪種方式。與脾氣太大的霸道主管相處的確很難，而想要向他解釋事實的真相就更難。因此遇到這類棘手的對立狀態時，更應該積極辯解，明確責任。其要點大概有如下幾個方面：

①不要畏懼：許多人都很害怕這種霸道的主管，看到他火冒三丈的樣子心裡就直打哆嗦。這時，你千萬不要心存畏懼。其實，這也沒什麼，他脾氣再大也不會活活吃了你。越是嚷得凶的主管，往往心越軟。況且他只是脾氣上來時才那樣不可理喻，等到發完脾氣之後就會變得心平氣和了。

②把握時機：對於一個下屬來說，與脾氣太大的霸道主管相處，一定要學會運用靈活變通的原則。如果主管誤會指責了你，那麼你應當找一個最合適的時機加以積極地解釋，這對一個下屬來說十分重要。

那麼什麼樣的時機才算合適恰當呢？這要根據實際情況來看。不過，經我們的調查研究表示，辯解應該越早越好。辯解得越早，則越容易採取補救措施。否則，因為害怕主管的責難而遲遲不說明，越拖越誤事，主管只會更生氣。另外，不要在主管火氣正旺時急忙解釋，這樣只會是火上加油。不但什麼事也說不清楚，還會把事情弄得更糟。你可約他私下談一談，對你的主管這樣說：「昨天，你因為我的工作出現了失誤而在我的辦公室當著我的下屬斥責我，讓我很難堪，連我的下屬也很不好意思。他們對我的尊重很重要，就像我應該尊重你一樣。你當眾批評我，會影響我的威信，也影響了我以後能力的發揮。這對你、對我、對我們以後的工作都不利。我相信你還是希望我好好地發揮我的能力。我希望以後這一類的事到你的辦公室去，或是當我們倆單獨在一起時進行。那樣效果會更好。因為我會心平氣和地聽你說話。」

一般來說，這樣的話主管是會接受的，也會再冷靜思考。假如，他並沒有認真考慮你的意見，以後仍當著你的下屬斥責你時，你就可以打斷他的話。然後說：「我們能去你的辦公室談一談嗎？」這樣，他就會想起你以前與他的談話。如果你的主管經常小題大做，令你難堪，但對別的下屬不會這樣，你就要考慮在他面前重新樹立一個更有利於你的形象。

如果遇到主管的刁難或誤解，你理所當然地應該為自己的清白勇於積極辯解。不過，與平時講話一樣，應該講究技巧、時機。只有選擇恰當的說話技巧，把握合適的時機，你才能既不冒犯主管，又能達到自己的目的。

③簡潔適度地道歉：脾氣太大的霸道主管怒火中燒時，往往希望下屬能向自己認錯，並深切地進行反省。許多下屬都深諳這一規律，於是當主管訓斥完自己的時候就該馬上向主管深切反省一番，以求獲得原諒。

向主管道歉的確是一個獲得主管好感、消除主管怒火的重要方法，但是道歉也有一定的原則，絕對不是隨意地進行。當你向主管道歉時，一定要簡潔明瞭，恰到好處。千萬不要悔恨不已，痛哭流涕，不成體統。越把自己說得無能，越會增加主管對你的不滿。還是適當一點為好，但要說到重點，說明自己對錯誤已經有了足夠的認識。

④站在對方立場說話：當你向脾氣太大的霸道主管辯護時，別忘了站在對方的立場上講話。主管責備下屬，當然是出於自己的立場。如果下屬不瞭解這一點，一味認為自己受了委屈，站在自己的立場上拼命替自己辯解，只會越辯越糟。應該把眼光放高一點，站在對方的立場上來解釋，則會比較容易被接受。

任何人都有保護自己的本能，做錯事或和旁人意見相左時，都會積極地說明經過、背景、原因等。但在主管看來，這種人頑固不化，只是找理由為自己辯解罷了。你只有站在主管的立場上理智地說明事實，才有可能得到主管的理解和認同。

別讓老闆欺負你

對於幸福的家庭來說，溫柔、善良也許是家人和樂融融的基礎，可是對於每日都充斥著激烈競爭的社會，那裡根本就是個看不見煙硝的戰場，人有時候不「惡」不行啊！

小梅是一家證券公司的營業部職員，由於股市急劇下跌，造成虧損，小梅終於在去年年底的大裁員中被公司以「調整公司方向、部分解散」的理由解聘。人事部只給小梅兩個選擇：一是小梅可以做滿這個月並得到當月工資作為賠償，但是要算公司主動辭退她，並記入檔案；二是算小梅主動辭職，但這樣資遣費就沒了，最多發給小梅這個月上班那二十天的薪資算做補償。

說實話，一向兢兢業業的小梅已經為該公司工作了近五年，但到了這種「關鍵時刻」，往日聽話、性格柔順的小梅也只能立刻「變身」成伶牙俐齒、得理不饒人的「惡女」，把平常從來不仔細研究的《勞基法》和公司簽訂的勞動契約通通拿出來熟讀，找出對自己有利的對策，然後「惡算」一把，將遣散費、違約金使勁地算清楚，以保障自己最後一丁點兒可憐的權益。

在總經理辦公室裡，小梅拿著有關文件振振有辭：「總經理，根據《勞基法》規定，用人單位應當根據勞動者在本公司工作年限，每滿一年給予勞動者本人一個月工資收入的經濟補償。而在本公司的合約上又在這條之後加上了『工作年限不滿一年者，按一年計算。』如此算來，我工作的前五年應該各賠償一個月的工資作為補償，而後面的時間雖然未滿一年，也應該按照一年計算再補償一個月工資。所以公司至少應該賠償我六個月的工資。」

也許是因為小梅的說詞有根有據，又是直接告到總經理面前，所以人事部沒過多久就屈服了，同意賠償小梅六個月工資的要求。可是沒過多久，小梅就發現自己其實應該獲得更多的補償。「反正也到了『走人』的時刻，沒什麼好難為情的，該是自己的一樣也不能少。」抱著這樣的念頭，小梅再一次坐進總經理辦公室裡。「我的契約是到明年四月份才到期，現在公司要提前與我解約，應當提前一個月通知我。如果沒有提前通知，又希望我當日就離開崗位，應該賠償我這一個月的工資。當然，這一個月是從人事部通知我的那天開始計算的，所以之前我上班的那二十天你們還是要支付我報酬。公司總共應該賠償我七個月零二十天的工資，否則我會去提出告訴。」

面對小梅接二連三的賠償要求，總經理覺得很頭疼，但小梅的要求又完全合理。結果，當總經理親自將剩餘的賠償金交給小梅時，他以為這次小梅總算可以滿意，想不到臨走時，小梅又丟出一句話來：「如果你們年底有年終獎金，別忘記我也該得到按比例計算的部分喔！」看著總經理尷尬的表情，小梅得意地哼起了歌。

遇到這樣的事，首先應尋求與老闆對話，把你的理由，應得的權益都擺在臺面上。如果你的老闆是個聰明人，他們會立即給你一個滿意的答覆。如果你的老闆欺你軟弱，想以各種理由賴帳，不一定非得當動怒，利用法律手段是一條有效的方式。

人善被人欺

主管和下屬是一種職業角色，從職業分工的角度來講，每一種空缺總要有人來填補，不該有高低貴賤之分。然而我們又不得不承認每種角色都有其不同的規範和職業要求，因此身處不同社會位很難獲得絕對的平等。譬如說作為服務生，顧客就是上帝。誰要是非要和顧客這個上帝講人格尊嚴，恐怕就會自討苦吃。

主管和下屬之間那條涇渭分明的界限也是永遠存在的。但這並不意味著做主管的就可以高枕無憂地去放心享受那份「高人一等」的飄飄然，絲毫不考慮與下屬們的感受與適時應酬。一個聰明的主管始終都會把「人的因素」看作是影響他飛黃騰達的關鍵，並絕對深諳「水可載舟，亦可覆舟」的道理。

小李大學畢業後，受聘到一家大型企業，做經理祕書，這可是個苦差事，因為經理脾氣不好，祕書換過好幾任。好在小李的脾氣好，一做就是五年。五年之後，經理調任，臨走前，覺得小李還不錯，提拔小李當總經理特助，負責管理兩個人：老劉和老王，年紀都比小李大許多。

辦公室工作很繁瑣，還要應付各種各樣的會議、接待，小李不得不把大部分工作交給那兩人。但總覺得自己資歷還淺，要差遣別人，很難開口，派起工作來，自然格外客氣：「請」、「如果你來得及」、「要是不麻煩」……。

起初，兩人還能及時完成所託，但沒多久，種種藉口接踵而來。先是老劉還沒打完一份第二天要用的資料，便提早下班了，等小李從總公司開完會回來，已過了下班時間，老王也不見蹤影，小李只好加班。第二天詢問，老劉一句「孩子發燒」，塞住了小李的嘴巴。沒過多久，老王提出，自己有眼疾，不宜長時間用眼，所以未來不再負責報表，還從口袋裡拿出一張醫生證明。小李轉向老劉，一句「要辛苦你了」還沒來得及出口，老劉連連揮揮手：「我沒學過，弄錯了，你也不好交代。」小李只好自己攬下。

這種事情發生的頻率越來越高，常常是小李在埋頭苦幹，兩個下屬一人手捧茶杯，一人上網聊天。小李也知道，這樣下去不是辦法，但每次想發火，又擔心場面難看。而那兩個下屬，得了便宜還賣乖，向主管告狀：「特助不知道玩什麼花樣，很多事不讓我們經手。」還向同事訴苦：「他是個工作狂，我們想幫也幫不上。」

小李的臉色自然越來越差，比當經理祕書時更顯消瘦。既然主管的身分賦予了你管人的權利，就該好好利用，盡情地去管人吧！人善被人欺，馬善被人騎，你的善良會被下屬當成你軟弱無能的信號！

管理藝術從某種意義上來說，就是一種征服人心的本領，寬嚴相濟，不可偏廢。既鐵面無私，又能寬容待人。在權威下多帶一點人情味，這樣才會贏得下屬的親近和信賴。

面對倚老賣老的下屬

你有沒有遇過這樣的下屬，他倚老賣老，趾高氣昂，不把你放在眼裡，還經常利用工作和你作對。有這樣的下屬誰都受不了，怎麼辦？

我有一個朋友在一家房地產公司做部門經理，手下有個做事拖拉又很隨便的職員。他自恃資歷深，在公司創業初期就和老闆一起「打天下」，根本沒把小他五歲的主管放在眼裡，對我朋友安排的工作也不重視。

有一次請他提出銷售企劃案，催促再三後還遲交了兩天，搞得我朋友在總經理面前很難堪。其實我的朋友能以主管身分批評指正他的錯誤，但他更希望能以自己的能力和真誠軟化他高傲的心，所以對他的一些失誤和工作拖延也沒有追究。不久，我的朋友就發現留有餘地和顧及同事情誼並沒有贏得他的認可，相反他對自己的態度變得更加不屑一顧。

我的朋友意識到自己對「以誠待人」觀點的理解並非盡善盡美，因為正確而善意的批評與真心待人並不相悖。後來，我的朋友和他進行了一次私下談話，有理有據地指出他的工作偏差，並提出可行的建議。出乎我朋友預料的是，他向我的朋友解釋了他之所以沒能及時完成是由於家庭的變故，並保證會改善。

談話時務必要以冷靜的態度提出具體詳細又確鑿的依據，不要在談話過程中表現出極度厭惡對方的情緒，哪怕你心裡的確很討厭他。

①不要大發脾氣：有可能下屬所犯的錯誤令管理者非常生氣，但管理者千萬不要在批評時大發脾氣。這樣做只會在下屬面前失去自己的威信，並且造成你對他有成見的感覺。

②盡量對事不對人：雖說事情都是人做的，但在批評下屬時，還是要盡量對事不對人。這樣做也是為了防止下屬認為你對他有成見。「對事不對人」不僅容易使下屬客觀地評價自己的問題，讓他心服口服；最重要的是，這樣可以在部門內部形成一個公平競爭的環境，使下屬不會產生為了自己的利益，而產生拍馬屁的想法。

多管閒事

有一種霸道屬於多管閒事的人物。愛管閒事、愛發號施令、愛吹毛求疵，他雖然不是主管，但不管什麼大事小事都要插上一手。而且總是沒事變有事，小事變大事，大事變重事，還動不動拿出別人說事。你的周圍要是有了這種人，從此就不得安寧了。

「小劉，這份急件，你拿去寄了。」「小萍，地板太髒了，快去掃一掃，免得老闆來了又說我們部門最亂最髒了。」她抬頭挺胸，手叉腰，滿意地看到大家在她的調派下忙碌著。

「我又不是清潔工……」小萍小聲抱怨著，還是「乖乖」地拿過掃帚，開始收拾。「雞毛令箭又叫你們幹活了呀？」回到座位，同事小玲湊過頭來小聲問小萍，吐了吐舌作一副好命狀，也對，沒有派到工作的人最幸運。

小萍回了一個苦哈哈的表情，本來這些是工友做的事，但這位管家婆非得要表現一下她的主導權，每天都在部門叫幾個同事去當苦力，苦了大家，她卻總是得到部門總監和主管的好評，說她工作負責，對公司有責任心。管家婆的外號叫「雞毛令箭」，意思就是拿著雞毛當令箭，她並不是主管，卻比主管的架子還大，因為她是公司最老的員工之一，公司剛成立時就來了，連經理都得敬她三分。

小萍第一天來公司，就有八卦的同事跑來告訴她，公司裡有三種人是不能得罪的，一是主管，主管好比頭上的天；二是財務與祕書，掌握著財政權和影響主管意向的人；三就是「管家婆」。「管家婆」是誰？「管家婆」為什麼不能得罪？小萍一肚子的不解，很快，她就知道了。

每個進部門的新人最怕的是管家婆，那張冷冰冰不苟言笑的臉，看人的樣子總是帶點不屑；對工作要求最多的是管家婆，每份上交經理的檔案總得先經過她的手，讓她檢查過才能遞到經理的桌上，經理下達的要求如果只有一條，傳到大家手上肯定變成五條，有四條是管家婆加的；經理最喜歡詢問她的意見，這個不是那個也不好，時間久積累多了，經理就該找誰談話了；最喜歡說自己公私分明的人是「管家婆」，如果有同事在她指指點點時多說了半句，管家婆就會很冷地回一句，「這是工作，我這人最公私分明了」。

部門裡不怕管家婆的人不多，不討厭她的人，就更少了，當然，幾個一天到晚巴在她身邊的逢迎小人除外，那些人總能「慧眼」識出「能人」。小萍極討厭管家婆，管家婆也不喜歡小萍，因為小萍的工作能力不弱，有幾次還搶了她的風頭。為此管家婆總在主管面前打小萍的小報告，幸好小萍業績一向良好，沒有什麼把柄落在她的手上，但每次主管有意無意地建議小萍調整好同事之間關係時，總讓小萍悶悶不樂。

人不可能一輩子橫行，管家婆終於也碰到了她的剋星。部門新進員工小燕，是個急性子，脾氣火爆。管家婆照常挑這挑那、指東指西地差遣他工作，還總是在主管面前打他小報告，因為小燕說話很衝，不得她意。

一次，管家婆自己工作出了錯誤，卻把責任推到小燕身上，主管沒問清楚，就罵了小燕一頓，小燕的咆哮震響在辦公室裡，吼出了一切不滿，並對管家婆揮著拳頭，嚇得她腳一滑就摔在地上，十分狼狽。當天小燕就辭職了，走時高聲對大家說：「為這種公司工作，和這種人共事，是我的恥辱。」小萍彷彿悟到了些什麼，第二天，她找到經理和老闆，遞上一封辭職信，並冷靜地說明理由，把管家婆一貫的所為和大家對她的看法都一吐為快，然後拒絕了挽留，她在主管的深思下瀟灑地走出公司。

兩個月後，小萍碰上以前的同事，她說，在小萍離開後，公司做了一次匿名調查，幾乎全數的員工都對管家婆投了反對票，沒多久，她也收拾東西離開了。

有人之所以有恃無恐，強行介入你的工作，相當部分是由於公司制度不完善、分工不明確導致的，你可以向公司建議完善分工制度。充滿自信的巧妙反擊，向同事明確敍述自己的職責範圍，並建議同事作為老員工應做後輩的模範，帶頭工作。

心機

有一種心機極重，對不如意的事抓住不放、好施報復的人，對不聽命的人設法剷除。由疑生忌、由恨而狠，輕拳還重拳，且以先下手為強，寧可打錯三千，也不肯放過一個，抱著「與其人負我，不如我負人」的觀念。不疑則已，疑則莫解。這種人喜怒不形於色，怒之極，反有喜悅的假相，使你毫無防範。更有甚者說翻臉就翻臉，完全不顧及以前的舊情，只要一有小事不順他的心，就翻臉無情。

漢高祖和呂后都是心機很重的人，呂后採用蕭何之計，誘殺了韓信。高祖帶兵征剿叛軍，聞訊後心裡很不安，派使者還朝，封蕭何為相國，加賜五千戶，再派五百士卒、一名都衛做相國護衛。百官都向蕭何祝賀，惟陳平瞭解劉邦，心裡暗暗擔心，暗地裡對蕭何說：「大禍由現在開始了。我勸您辭讓封賞，並拿所有家產去輔助作戰，才能打消皇上的疑慮。」蕭何頓悟，依計而行，變賣家產犒軍。高祖果然喜悅，疑慮頓減。

這段故事雖是古代發生，距今年代久遠，但仍然具有警世之用，對現代人也頗有教誨之處。對付陰險的霸道主管，下屬要處處小心謹慎，巧妙應對。

現代社會到處都充滿著激烈競爭，一些人依仗自己較強的能力、權勢或地位，專門欺負那些相對來說處於弱勢的群體，在你的主管中也不乏這樣的人，這樣的人就是恃強凌弱的霸道主管。

恃強凌弱的霸道主管慣有的想法是：「他們簡直就是一群無能之輩，什麼事都搞不清楚。你看，我告訴過他們處理事情的正確方法，但他們卻偏不聽。不管怎麼樣，我說得絕對正確，不容他們存有疑義。我必須證明他們是多麼笨，否則就顯示不出我有多厲害。」於是，在這種心理的驅動下，主管就更加輕視下屬以及下屬提出的意見，憑藉自己的權力和地位隨意蔑視、傷害下屬。

瞞天過海是一種示假隱真的疑兵之法。它常利用人存在的不疑心理狀態，進行偽裝，以期達到出其不意的效果。對付恃強凌弱的霸道主管不妨運用此法。

這些主管往往位高權重，他們對你事業的發展和進步有著至關重要的作用，如果稍有不慎得罪了他們，你辛辛苦苦為之拼搏、奮鬥的事業很可能會受到非常沉重的打擊，甚至還會因此中斷。所以如果遇上這種恃強凌弱的霸道主管，你一定要時刻注意自己的言行，在言語行為上尊重他們，轉移他們恃強凌弱的心理，小心慎重地與他們相處。如果碰到過分惡劣的欺壓行為，也不必示弱，應據理反抗。

與恃強凌弱的霸道主管相處，千萬要小心慎重，不要成幫結夥，不要去埋怨這、埋怨那。如果一群人闖進主管的辦公室，他會感覺受到威脅，就會採取更強硬的手段。如果你上告到他的主管那裡，也可能會起反作用：他的主管也許會全力支持他，不可不慎。

嫉妒是把雙刃劍

傑出的人物，一般人是不會妒忌的。嫉妒心強的人也不會去妒忌偉人和弱者，而是妒忌與你有一定相同境遇的同事、同學，或身邊的朋友、鄰居。

真正的朋友是會為對方的成績而高興，但嫉妒心強的人往往會為對方的提拔、重用而不平衡。憑什麼提拔的是他而不是我？他不就這樣嗎？你和妒忌者來往越密切，他越不平衡。因為，他知道你的「底細」不過如此，而你們又是很平等的來往，他越難以接受這種位置的變化。人多少會有好勝心、事業心，看到別人的成就，將感到自身的挫敗。

帕金森先生在《管理藝術精粹》中說：「大多數組織在結構上像一座金字塔，當一個人向金字塔頂端爬去的時候，最重要的職位越來越少。因此，一個剛被提拔的管理者，一定要特別謹慎小心。首先，從前他的大多數同事深信自己應該得到這個職位，並且為自己沒有得到它而感到不舒服。但特別重要的是：一個被提升的管理者必須想盡辦法表現出謙遜和不氣勢凌人。一定不要忘記他從前的共事者。」

我曾經目睹一位大學副校長任職以後，因嫉妒而生出的鬧劇。原本他是一位普通教師，在二十幾年教學工作和生活中，結識了許多「難兄難弟」，往來甚密，不分彼此。

又過了數年，學校班級調整時，有關部門任命他作了副校長。上臺後，他對可能因此而招來的嫉妒沒有足夠的認識，對曾經和自己朝夕相處的同事們，頤指氣使，呼來喚去，動輒訓斥。沒多久，就招來一陣批評。一天，他正在召集學校中級幹部會議，忽然，門被猛然推開，進來一位「難弟」大聲喊道：「×××，你真不要臉！自從當了副校長，翻臉比翻書還快！」全場為之騷動，讓這位副校長的處境十分尷尬。

嫉妒心強的人，感覺到你明顯超過他的時候，或者將有升遷機會，他就會設置種種障礙，對你百般挑剔。他們正是要以這種方式貶低你所取得的成績和價值，從而達到一種否定的結果。

嫉妒的惡性膨脹、肆意氾濫，將會構成巨大的阻力，阻擋著你獲得更大成功。如果，嫉妒心強的人就在你的社交圈裡，他就更容易打擊、迫害、中傷你。

將嫉妒化作動力

在任何地方，都有這樣的人：他們在實際工作中不努力做出成績。卻總是處心積慮地算計那些憑自己實力而有所成就的人。這類人就是典型嫉賢妒能的人，屬於我們不得不防者。

嫉妒心強的人普遍心態是：「這根本就沒有什麼了不起，我不明白大家為什麼如此吹捧他。如果我也有他那樣的機會，我會比他做得更好。按理說這個機會應該是我的。我懷疑他暗地裡動了手腳。我要揭穿他的真面目，讓他再也得意不成，我一定要這麼做，但要做得天衣無縫。」

一旦他們行動起來，即使你是無辜的，恐怕也會多少受到傷害，這樣你很可能會再也不敢輕易表現自己的才能，甚至無法在原來的社交圈待下去。那麼究竟應該如何避免這種情況出現呢？該怎樣做才能正確地應對這種人呢？

嫉妒他人是一種普遍的心理現象，幾乎每個人或多或少都存在一些嫉妒心理，作為一個希望在事業上有所成就的人，你不僅要忍耐和克制自己的嫉妒心，而且也要忍受他人對自己的嫉妒。也就是說，在自己取得一定的成績遭到別人嫉妒的時候，不要因為這種嫉妒改變自己正常、自然的生活與行為方式。

我們必須承認在透過一番艱苦的努力，自己終於有了一定的成績後，受到他人的種種嫉妒是十分難受的。本來是因為努力，辛辛苦苦得來的一點成績，卻招致如此的對待，這往往會讓人覺得委屈和不平。特別是那些惡毒的詆毀和誣衊，有時實在令人無法忍受。

在這種情況下，不少人會乾脆放棄原本的追求，使自己滿足於一般和平庸，混同於普通，甚至是落後。有些人在這種嫉妒的壓力下，不得不縮回自己剛剛施展開的手腳，壓抑自己的抱負和理想，從而在這種嫉妒的壓力下垮下來。真正的強者是不應該被這種嫉妒心所擊垮的，我們應當盡量忍受他人的嫉妒，並且把別人的嫉妒當成是自己的一種榮幸和驕傲，有句話說得好：「不遭人妒是庸才。」你應該明白，他們的嫉妒，以及因為嫉妒所造成的種種指責和攻擊，都是以變相的方式表達無能。也就是說，這種嫉妒實際上是以一種比較極端的方式，透過貶低他人的成功和長處，來掩蓋和彌補自己的缺陷和不足。可以說是對你成績的一種另類形式的肯定，而並不是一種真正的、客觀的批評。也正因為這樣，你完全不必介意和在乎這些嫉妒，反而應該非常坦然和自豪地與之相處。

有時在他人的嫉妒中，可能會有一些刻薄的挑剔，這也是十分正常的。因為，他們正是要利用雞蛋裡挑骨頭的方式，貶低別人所取得的成績，從而達到一種否定效果。

在這種情況下，正確的態度是要把他人的嫉妒當成自己的一種壓力或動力，作為自己進一步成長的臺階。這裡說的正確態度具體指的是，以一種真誠的、積極的方式去理解他人虛假的、消極的挑剔，對方的用意是嫉妒、否定和攻擊，而自己的態度是學習、接受和轉化為動力。

事實上，你應該感謝他人的這種挑剔。正因為有這樣一些人的挑剔，才迫使你自己不至於因為成功的喜悅而沖昏頭，能夠清醒地看到自己的不足，更加確立前進的方向和目標。以積極的態度對待他人的嫉妒還可以督促自己不斷向前。因為當你做出成績時，一些嫉妒心強的人或許會說你「三分鐘熱度」、「這個人總是虎頭蛇尾」、「一開始還可以，可過不了多久就不行了」等等，對待這一類嫉妒，最好的方式便是不斷地保持自己的幹勁，不斷地鞭策、激勵自己。從這種角度理解，受人嫉妒實在是一種極好的前進動力。

避開嫉妒

世界上的事真怪，當你平庸無為，名不見經傳時，很少有人看你幾眼；一旦當你嶄露頭角，小有名聲後，就馬上處於眾目睽睽之下，至於那目光的成分可就複雜了：羨慕、挑剔、懷疑……其中最令人坐立不安的恐怕要數嫉妒了。歌德說：「在人類一切情欲中，嫉妒之情恐怕要算作最頑強、最持久的了……，嫉妒心是不知道休息的。」

的確，有人的地方就少不了嫉妒。嫉妒存在的廣泛性遠遠超過了我們熟知的範圍。嫉妒的對象也因人而異：男人嫉妒他人的智力優勢；女人嫉妒別人的美貌絕倫；官場上嫉妒他人的青雲直上；市井中嫉妒他人生財有道。

該如何戰勝嫉妒這個惡魔？這首先需要瞭解它，嫉妒從其本質上說，一般是見到他人強於自己而產生的一種心理失衡。在這種失衡面前，嫉妒者通常有三種表現。第一種是弱者的常態心理。第二種是愚者的常態心理。第三種是真正強者的常態心理。為了努力避開嫉妒的暗箭，我們可以採取以下幾點策略：

①弱化嫉妒：一個天生麗質或才幹出眾的人，本來就令人羨慕，若鋒芒畢露、咄咄逼人，嫉妒的人就又增加了，更容易使自己成為攻擊的對象。因此，不如對自己來些調侃、揶揄或自我嘲諷，並在不重要的場合故意給別人一些溢美之辭，以此削弱對方的嫉妒心。

②融化嫉妒：對嫉妒的人，不必針鋒相對，他嫉妒你，是因為你比他強。所以，你完全可以寬容大度，與之友好相處，並給予他盡可能的關心和幫助，在一定程度上可以化解一部分人的嫉妒心理。

③淡化嫉妒：對於妒火過盛者，無論你如何寬容友好，恐怕也無濟於事。在這種情況下，最好的辦法是不加理睬，「無言是最大的蔑視」，如果站出來辯解，對這種人只會造成火上加油的作用。所以，對無法消除的嫉妒，不加理睬，讓嫉妒者自己去折騰。

嫉妒的產生也是有它的規律性，掌握嫉妒的特點和規律，能更好地預防、利用和化解嫉妒。

以德報怨

在洛克菲勒經營企業的時候，曾有一位不速之客突然闖入他的辦公室，直奔他的書桌，並以拳頭猛擊桌面，大發雷霆：「洛克菲勒，我恨你！我有絕對的理由恨你！」

接著那暴客恣意謾罵他達幾分鐘之久。辦公室所有的職員都感到無比氣憤，以為洛克菲勒一定會拾起墨水瓶向他擲去，或是命令保全將他趕出去。然而，出乎意料的是，洛克菲勒並沒有這樣做。他停下手中的筆，和善地注視著這位不速之客，那人愈暴躁，他就顯得越和善！

那無理之徒被弄得莫名其妙，因而漸漸平息下來。因為一個人發怒時，得不到反擊，是堅持不了多久的。於是，他嚥了一口氣。他本來是準備好來這裡與洛克菲勒抗議，並想好了洛克菲勒要怎樣回擊他，他再用想好的話去反駁。但是洛克菲勒就是不開口，所以他也不知如何是好。最後，他又在洛克菲勒的桌子上敲了幾下，仍然得不到回應，只得索然無味地離去。洛克菲勒就像根本沒發生任何事一樣，重新拿起筆，繼續他的工作。

不理睬他人對自己的無禮攻擊，有時便等於是給對方最嚴厲的迎頭痛擊。

化解「手段」，不要被「玩死」

由於當今社會的複雜性，人與人之間產生了各種各樣的社會關係。其中主管與下屬之間的關係是較難相處的，其中原因大部分是由於主管自身造成。

能夠幸運地遇上一名愛護、關懷下屬的公正主管，不知是多少下屬的心願。有些主管，他們利用手中的職權牟取私利、為難下屬，或者對下屬加以誤導利用。天下最痛苦的事之一，莫過於替一名無德、無才、愛玩手段的主管工作。

對於這樣的主管，你必須有足夠的心理準備，隨時準備面對他的為難，甚至是對你的打擊利用，要用恰當的策略去化解這些主管的「手段」，才不會在工作崗位上被「玩死」。

面對無德無能，卻又時時刻刻為自己的私利挖空心思的主管，下屬似乎只能有以下幾種選擇：

①辭職不幹，另謀高就：這好像很灑脫，是一了百了的方法。但請記住，你有可能是從狼窩出來轉眼又跳進虎穴。

②想辦法令公司高層開除你的主管：問題是，接手的新人（你的新主管）可能比舊人還要差勁，那又何苦？

③直接與主管對抗，拒絕接受他那套指使：除非中了樂透頭獎，否則，你遲早會被開除。

可見以上三種方法並非最佳對策，不如多一份防人之心，巧妙應對，堅持替這些惡質的主管工作，而且還要把工作做得妥妥當當，令他一刻也不能少了你，但不要使他感到你的存在對他構成威脅。你做到了這一點，至少已能「自保」，同時對已磨合了一些時日的主管「觀其後效」。

準備一套應對方法

應對上述這些人，你需要有所準備，以便你有更多的辦法和這些人周旋。

每當處在這一刻，你也許會想到：「忍耐，堅持就是勝利，他們就是那種我要時時提防的人，但是為什麼他們不知道應該注意一下自己的行為？」

令人驚訝的回答是，他們惡劣的行徑卻是你平常不加防守的表現所致。知道如何應對這種情況，會讓自己將來再出現同一局面中獲取主導權，可以控制局勢的發展。在一般情況下，你通常要預備好許多可以對付他們各種頑劣行徑的手段，而且，你會一再地遇到同一個人、同一種行為，他們總是讓你覺得難纏。如果你不準備一些招術，在遇上他們時好好應付，下一次你還會被人要著玩。

有多少次你從一個令自己難堪的局面中逃開，然後自言自語道：「我應該這麼說。」但是下一次又發生類似的情況時，你會發現你還是做出同樣的反應，仍然不知所措，然後依舊說著同樣的話。所以，準備一套應對方法對你是十分有利的，當再遇到這種情況時，你就會採取合適的措施。

任何準備工作都需要花費時間，因此你需要考慮這種代價是否值得付出，需要花時間去思考、分析。但是無論怎麼樣，你都應當願意花費時間來進行這種應對難纏之人的準備。因為你會發現，一旦你獲得了與難纏之人成功周旋的能力，你與他的關係將有所改善，你能獲得的利益會多於所花費的代價，而且周圍的人也會注意到這一點。

心胸寬廣一點

有種人在熟人面前易衝動，心直口快，行動如疾風驟雨，說起話來一發不可收拾，馬上和你鬧得臉紅脖子粗：和這種人交朋友，時常躲著點，別惹他，否則被其發一頓火，甚至拳腳相見，實在是不划算。

剛走出會議室，我就受到斥責：「剛才，當我們都向老闆提出把午餐時間延長半小時的時候，你為什麼不支持我們的觀點？究竟是怎麼回事？你為什麼這麼自私？盡是吹捧老闆的觀點，難道你以為這樣就能加薪升職嗎？」我聽到第一個指責的時候，原本要反擊，但是我先忍了下來，讓對方把話說完，因為他是一個霸道的人。雖然他脾氣急躁，但是也不能任由他指責。若當他在氣頭上的時候跟他一起爭論，那別人會覺得我和他一樣沒有風度。

等他說完，我盡量心平氣和地回答道：「我能理解你的提議，但是你的建議對我來說並不適合，這將意味著下班時間被延遲到六點半，你知道，我和其他的幾位同事都住得比較遠，六點半天已經很黑了。請你也理解我的難處。」說完這番話過後，我走回自己的座位，只需要把自己的想法講出來就行了，絕不能把心裡的怒氣爆發出來，要是讓他們下不了臺，那我就慘了。想不到第二天，他竟主動過來向我道歉：「我這人性子比較急，昨天……」。

遇到脾氣急躁的人，你一定要比他沉得住氣，比他有耐心，比他說話的聲調低。不要輕易傷害對方的情感，不要輕易讓爭論升級。要分析是什麼使對方怒火中燒，就事論事，用探討問題的方法解決爭端。如果你有錯誤，就馬上承認；如果沒有，堅持你的觀點不是一件壞事。然後給對方時間讓他瞭解事情本身。

心胸要寬廣，對別人的缺點有所忍耐和諒解。只要你有寬廣的胸懷，那麼對別人的態度就不會那麼計較，你溫和的態度、寬廣的胸懷、寬宏的海量，就會使本來生氣的一方，火氣消滅，自討沒趣，只好偃旗息鼓放棄爭吵。

第3種人
拔草測風向

這種人攀附權貴、見風轉舵，只要是哪一方對他有利，他就會馬上投靠到那一方。態度變化速度之快，讓你無法想像。

讓攀龍附鳳者坐冷板凳

一般來說勢利或見利忘義的人是不適合深交當朋友的。例如有個企業A當總經理時，一位資深職員就經常到A家裡坐坐，對A百般奉承，每次都會送上上好禮物，而當A下臺換B當上總經理時，這位資深職員馬上到B家送禮，並數落A的不是，將B捧為最英明的主管。可是天下沒有不透風的牆，B總經理聽了許多同仁的反應，果斷地將這位資深職員冷落在一邊。

這種「牆頭草」的通病是：在你得勢時，他錦上添花；當你失勢時，他落井下石。他不懂得什麼是真誠，只知道什麼是權勢。古往今來，迫害恩人、出賣朋友為自己邀功請賞的人比比皆是，這種人不能親近。

現在，如果某人為官在任，聚集在他周圍的人很多，可謂門庭若市，有人為結交做官之人，而想盡、用盡所有高招。倘若這人一旦落魄倒楣，身邊的人一下子都沒有了，真可謂是門前冷落鞍馬稀，為什麼？因為你沒有了權勢，別人再也無法利用你了。而在你失意時，經常到家裡噓寒問暖的人才是可貴。哪怕是當時你認為這人很愚笨、不會說話，但此時，你會為當初的想法而後悔，日久見人心，最後留下的才是真心呀！

有一位楚國人，擁有兩名妻妾，長得非常美麗。有個年輕人，看中這兩名妻妾，便從年齡大的那位下手。沒想到那位年長的張口就怒斥他：「你這個禽獸不如的小人，給我滾遠點。」

年輕人只好自討沒趣地走開。求歡不得，他便轉移目標，向另一位小妾頻送秋波，表示愛意，兩人很快便勾搭上了。過沒多久，這個擁有兩名妻妾的楚人死了。

有位客人問那位年輕人說：「人家的丈夫死了，你打算要娶哪個為妻呢？」

年輕人說：「我要娶那個年齡大的。」

客人說：「年齡大的罵過你，年輕的順從你，你為什麼還要選擇那個年齡大的呢？」

年輕人說：「當她還是別人妻妾時，就想讓她也接受我。現在要做我的妻子，當然就希望她替我去罵別人。」

信任忠誠的人，信任那些經過長期考驗、值得信賴的人，而不輕信那些勢利的人，才能避免禍害，萬事亨通。

讓馬屁精拍到馬蹄子

人多的地方就都有那麼幾個馬屁精，其實馬屁精也算不上是十惡不赦，但如果拍馬屁是為了貶低他人而取悅另一人，那這個馬屁精就極其討厭了。

我們公司裡的志明就是一個馬屁精。他最擅長的伎倆是見風轉舵，只要有利用價值就無所不拍，拍長官、拍有背景的同事。可惡的是，他拍馬屁時經常貶低別人，一次他剛得知新來的同事阿布是公司總經理的小姨子，就巴結阿布說：

「這件銀色外套配上你這件毛衣真是好看，如果莫莉穿上就不好看，她皮膚沒你白，穿衣服又沒品位。」

別人總是受到他的這種對待，心裡都非常憤怒，但又不想與之當面爭執。我就漫不經心地對一個愛傳小道消息的同事說阿布是騰先生的歌迷，又說她的男朋友長得高大英俊，另外阿布唱歌最好聽，聲音極像知名歌手。

這些話很快傳到志明的耳中。第二天，他就給阿布送來一張騰先生的專輯，阿布連連擺手說：「不聽不聽。我最討厭騰先生了，長得髒兮兮的。」志明一愣，趕快轉舵道：「其實我也不喜歡他。對了，聽說妳男朋友是個帥哥，什麼時候讓我們見識一下？」阿布聽了有些不悅：「我不喜歡談私事。」

志明倒是很識相，接道：「晚上有沒有空兒？我們一起去唱歌怎麼樣？反正是週末，大夥開心唱一夜。」阿布搖頭說不去。志明勸道：「去吧，我還對我的同學說今天要給他們帶個歌后去呢！」阿布說：「你邀請莫莉呀，我們是高中同學，她才是我們學校的『歌后』。」

志明一聽不再說話，訕訕地回到自己的辦公室，他從阿布的冷漠裡似乎明白了什麼。後來他知道了：原來阿布最討厭騰先生；阿布的男友身有殘疾，走路不方便；阿布五音不全，根本不喜歡唱歌。自此志明拍馬屁時，再也不拿別人當墊背了。

碰上這樣的「馬屁精」，千萬不要被他的吹捧迷惑，更不要飄飄然不知所以，而應時刻小心謹慎，盡力使自己和這類人保持一定距離。以便冷靜地觀察對方的舉止行為並準確分析對方吹捧你的真實目的。

撕下雙面人的偽裝

俗話說：「人心隔肚皮。」有些人居心叵測，當面一套，背後一套，對這樣的人應慎而又慎，更談不上結交為朋友了。

至於某人是不是「牆頭草」，如果沒有先見之明，在短時間內是很難分辨的。這樣的人往往在你面前說得優美動聽，誇得你不禁飄飄然。當面說的都是一些忠貞不二的話，表現出的是忠誠老實相，但背後說不定有更險惡的用心。說得簡單一點，具有「牆頭草」個性的人善於搬弄是非。在你面前說他人的壞話，在別人面前說你的壞話，不鬧出矛盾，絕不甘休。

「牆頭草」最慣用的伎倆就是偽裝，這種偽裝的工具就是能把活人說成死人，死人說成活人。縱觀中國歷史，有許多盛極一時的大奸臣能得到皇上的寵信，究其原因除了皇上昏庸無能外，很重要的一點是這些大奸臣會諂媚、巴結皇上，能把忠良之臣置於死地。而真正可靠的還是那些敢於諫言的忠臣，唐朝魏徵經常向皇上諫言，可能這些諫言不太好聽，但絕對有好處，忠言逆耳。

《紅樓夢》裡的王熙鳳，被人稱為「明裡一盆火，暗裡一把刀」，表面上對尤二姐客套親切，背地裡卻把她置於死地。與這樣的人相處時，應多注意周圍的人對他的反應，在短期相處中很難發現這種人的性格特徵，但接觸時間長了便能清楚明白。

這種「牆頭草」是千萬不能結交為朋友的，不然會令你大吃苦頭。生活中往往有雙面人，就是採取各種欺騙方法，迷惑對方，使對方掉入陷阱，達成自己的企圖。他們會給人帶來無盡的麻煩和災難，在交友時需要時刻提防這類人。

重「利」的人無「義」

私心過重的人，在處事時容易「變臉」。當他發現某人對自己有利時，臉色特別好看；當利益得手之後，立即變成陌生人，而一旦得不到這些利益，他隨時都可能翻臉無情，威脅、恫嚇，使盡各種手段，逼迫你把某種利益拱手於他。

有個商人來找他的鄰居說：「有片小土地要出售，賣家是你的朋友，如果你買，我相信他一定會出最低價的。你拿我的這些錢去把它買下來，我保證，如果成功的話，我一定會給你一筆報酬的。」

鄰居拿著錢去看他的朋友，由於他的緣故，朋友心甘情願地只賣底價的一半。真正的買家聽到了這個消息大喜過望。再三地感謝鄰居，並拿走了剩下的錢，報酬的事一字也沒提就要走了。

鄰居早就料到這個巧言令色的傢伙會如此作為。於是，他笑瞇瞇地對那商人說：「別急著走，如果你有興趣的話，我可以告訴你一件事……」

那個奸商以為還有什麼好處，急忙回身洗耳恭聽。鄰人說：「那合約可是用我的名字簽的！」商人當場目瞪口呆。

一個「利」字當頭的人，他的心目中沒有「義」字可言；他的人際關係裡，沒有情感，只有利益，他的感情付出只是為了利用別人給自己更多的好處。

功利交往要不得

現實生活中，人與人之間少不了要互相幫助。但是，有些人在與人相處時，卻往往十分勢利。你對他有用，你能幫助他解決問題，或你具有某些他可以利用的關係，他才與你打交道。當我們發現某人在與我們相處中是帶有這些動機時，我們還要不要繼續與他往來呢？

實際上，生意商場上的每個人幾乎都在利用他人，並且也在被別人所利用。在與他人相處時，你不能以一個朋友的標準去要求對方。普通朋友之間的來往總是有限的，它不可能像好朋友那樣，是建立在共同的興趣、志向和相互信任的基礎上，也不可能是絕對單純的。所以，你不能對這種人有太高的期望，也不要希望其中有太多的朋友般的情感。因此，儘管你發覺某人與你往來是想利用你，你也不必感到氣憤或與其斷交，只需適當地掌握相處的程度和分寸、多一些防人之心即可。

當然，我們也應該區分這種利用對方的目的和性質。有些人故意和我們套交情、攀關係，往往是為了拉幫結派，為了達到不擇手段的目的。在這種情況下，應該及時予以回絕和抵制，千萬不要被某些人當棋子耍。如果他僅僅是想藉你的某些優勢和關係，為他自己解決一些困難的事情，你則可以非常自然地與其保持正常的往來關係。

如果你不幸與這種人成為了朋友，而且更不幸的是，他又常常把你當作利用的對象，那你一定感到非常沮喪，甚至會對自己的處境感到懊惱，但又覺得無計可施，只能天天在心裡埋怨：「我只顧替他做事（這本來應該由他自己去做的），而自己的事情卻無暇處理。我再也不想做這種事了。但他來找我，我又不好意思拒絕。」

利用他人的人，其本質就是自私自利，這種人天天算計著怎麼利用別人，卻從來不向對方做出相應的補償，而且也不會領情。與這類人一起共事，一定要掌握一些應對的原則和技巧，否則就「吃力不討好」、「為人作嫁」，自己手上的工作卻被耽誤了。

那麼如何防止被人利用或者改變這種被人利用的處境呢？除了認清其「牆頭草」的本質以外，我們還應當對利用他人的行為堅決抵制。任何一個正直的人都很痛恨利用他人的行為，利用他人是可恥的，而受人利用則是十分可悲的。利用他人的「牆頭草」總是藉由相處來達到自己的某種目的，甚至，有的人之所以選擇你作為來往對象，就因為你的某種優勢符合他的某種需要。如果你失去了利用價值，他們馬上就會與你分道揚鑣。

在與他人相處時，我們絕對不能容忍只顧私利的行為，更不能容忍以損害別人為原則、損害大多數人的利益為代價，來滿足私欲的個別成員。但是，憑心而論，在相互來往中，都有著權利與義務的關係，都有著各自對對方所抱有的希望和要求。剔除了那些非原則的損害他人利益之成分，抹去了那些具有強烈私欲的色彩，相處當中總應當相互有所滿足。這就需要與利用他人的行為區隔，謹慎地劃出一條原則界限，幫助來往對象回到原則的範圍之內，並且盡可能地讓他們做出對等的奉獻。

比如，一個人想要得到上司的提拔，想得到別人的尊重，這是自尊心、進取心的表現。如果我們幫助他放棄以靠關係的方式去獲取的企圖，而是透過自己的努力謀求，那就不能視為一樁壞事。相反，在他努力靠自己的力量去追求目標時，就應當為他提供足夠的支援。一個人有物質上的需求，這本來就是正當的，如果我們幫助他擺脫借用他人權勢的動機，並為他提出實事求是的建議，那當然也是我們應該做到的。

總之，與利用他人的行為劃出一條原則界限，把利用與被利用的關係從根本上破除，使它們留在原則界限之外，你也就不會產生被利用的感覺了。簡單地、粗暴地回絕只會把人與人之間的關係搞得更加複雜。

劃清界限是對利用他人的「牆頭草」的有效方法，在與他人相處時，必須巧妙地加以運用，如果不能與利用他人的行為劃清界限，那你就很可能在熟人、朋友、關係人面前失去自己的原則立場和操守，而扮演被利用的可悲角色。面對這種「牆頭草」如果不早日與其劃清界限，總是無原則地替人做事，最後只能成為別人向上爬的階梯，而自己卻一事無成。更嚴重的是，如果對方讓你代辦的事屬於違法亂紀，你也無原則地照辦，那你就會成為可悲的代罪羔羊。總之，在與人相處時，一定要與利用他人的「牆頭草」劃清界限。

不可輕信「好」話

諂媚者在各行各業中都可以找得到。他們也屬於「牆頭草」的一種。這類人有一個特徵：永不反對或駁斥主管的指示。無論在什麼場合，「牆頭草」只知道一件事——點頭同意主管說的每一句話。

在他們心裡，只相信一種真理：無條件支持主管的人會得到主管的好感；而反駁主管的人只會造成不必要的麻煩！許多主管雖然口口聲聲表示自己很民主開放，樂於聽取各方面的批評或意見，其實最討厭別人指出他們的錯誤，這無形中已保護了這類「牆頭草」的生存空間。實際上，絕大多數人都喜歡別人贊同自己的提議或想法。既然如此，那又何必下那麼多無謂的工夫，索性從一開始就點頭到底就好了。

「牆頭草」們不斷找尋一位強有力的主管保護他們。至於什麼個人尊嚴、是非道德，早已拋到九霄雲外。他們最大的目標，就是讓主管高興，使自己得利，其他一切都不管。這類「牆頭草」除了懂得「拍馬屁」之外，不會提出建設性的想法和建議，根本就是缺乏主見、一無可取。如果利用他們來替自己辦些私人瑣事倒是相當理想，在這方面，他們一定能辦得很好。此外，由於他們全無主見，一味順從，也很難登上高位、管理業務和人事。

這類型「牆頭草」之所以能夠在社會上生存，是因為他們看透了人性的弱點（誰都喜歡聽好聽話），再加上他們奉承有術，才能風光一時。對付這類「牆頭草」，最適當的方法便是把他們排除在離自己越遠越好的地方，作為一種警戒。當然，只有正直、精明的人才會這樣去應對這樣的「牆頭草」。

公司裡的這類「牆頭草」，專會逢迎主管，而且還具有相當高的技巧，不顯山不露水，讓別人渾然不覺中上了他的當。的確，有不少人被奉承得昏了頭，誰對他畢恭畢敬、阿諛奉承，就等於佩服他，他就對誰恩寵有加，大加讚賞和關愛。無疑，這種人更助長了阿諛奉承之風的盛行。

作為主管，首先應當保持清醒的頭腦。哪些是實事求是的評價，哪些又是阿諛奉承；在阿諛奉承之中，哪些人是出於真心而稍稍過分地讚美幾句，哪些人又是企圖透過奉承主管而達到自己的某種企圖，哪些奉承之詞中含有可吸取的內容，哪些奉承話都是憑空捏造、子虛烏有等等。諸如此類，絕對不能糊塗。

對待專門拍馬屁奉承主管而毫無工作能力的「牆頭草」，方法最簡單，請他走人就是了。當然，如果他確實是無能之輩，也該讓他走人。況且他還專門阿諛奉承，你周圍有這麼一顆不定時炸彈，你說你還會有多少好日子可過。所以，及時讓他走人比什麼都好。

對於有一定能力而又有些奉承愛好的員工，最好給他找個合適的位子。這類人不好簡單辭掉，因為他還有一定能力。但也不可委以重任，因為他不僅能力平庸，還愛拍馬屁，委以重任的話，遲早會壞了你的大事。在你的部門中要做到人盡其才，不光指有效地利用人才，也指使用這些能力一般而又有某些毛病的人。這類人有的時候人數還不少，是一個不可忽視的力量。

這種毛病的養成不是一朝一夕的事，改正起來也一定不容易。在這個時候，你要格外注重策略和態度，爭取從根本上扭轉他們的認識，改正他的毛病。當然，首先要從你自己做起，打壓那些阿諛奉承的行為。

對於那些確有較強能力卻也喜好拍馬屁的「牆頭草」，你一定要小心對待，這些人弄不好會造成極大的麻煩。對待這種人，首先你要依據他的實際能力委以相應的職務。起碼在他們的眼中，你不能成為不識才的領導者。這影響著他們的工作熱情，而且也帶動著一批人。

另外，你對一些較有能力但也有阿諛奉承劣行的「牆頭草」要認真對待，如果只看到這類人的阿諛奉承，沒有看到他們的才華，不給這類人以相應職務，那麼這些有能力者就會離你而去。如果他們確實走了，對你也是一種損失。

讓他承擔自己的責任

擅長推卸責任的主管屬於一種典型的「牆頭草」，他們常在成功的時候，占盡下屬的功勞；在遇到困難時，卻使下屬不知所措。他們往往非常謹慎，把可能暴露出來的線索遮掩得不留蛛絲馬跡。雖然在決策前你可能跟他討論過，但當失敗後，他卻不肯承擔任何責任，而對你置之不理。他會對很多的下屬玩同樣的把戲，這種令人厭惡的行為不是針對個人的。你的目標不是反對他，而是不再充當他的犧牲品。

建議你從以下兩點做起：

①喚醒他的公正意識：他從未因給人的不良印象而失眠過。他考慮的只是如何保護自己，你要用問話向他提示真實情況。提問要涉及問題的核心。如果討論未按你的期望進行，你就重複提這個問題，直到改變討論方向為止。

②提出加強他地位的建議：要在夥伴和主管心中留下好印象，這顯然對他非常重要。你要努力發掘資訊，加以琢磨，供他直接使用。他喜歡讓別人認為自己已經是那種有能力的人，那麼你就要成全他。

官場不倒翁

隋朝的裴矩是一個官場不倒翁，他一生侍奉過北齊、隋文帝、隋煬帝、宇文化及、竇建德、唐高祖、唐太宗，共三個王朝，七個主子，不可思議的是，他在每一個主子手下都很得意！

隋朝第二任皇帝隋煬帝是一個好大喜功的人，繼位之初，很想有一番作為，整日想著拓邊擴土。裴矩透析隋煬帝的野心，思索著一步一步的計畫，不辭辛苦，親自深入西域各國，採訪各國的風俗習慣、山川狀況、民族分布、物產服裝情況，撰寫了一本《西域圖記》，果然深得皇帝的歡心，一次便賞賜他五百匹綢緞，每天將他召到御座旁，詳細詢問西域狀況，並將他升為黃門侍郎，讓他到西北地方處理與西域各國的事務；他倒不負君望，說服了十幾個小國歸順了隋朝。

有一年，隋煬帝要到西北邊地巡視，裴矩不惜花費重金，說服西域二十七個國家的酋長，佩珠戴玉，錦服衣繡，焚香奏樂，載歌載舞，拜謁於道旁；又命令當地男女百姓濃妝豔抹，縱情圍觀，隊伍綿延數十里，可謂盛況空前。隋煬帝龍心大悅，又將他升為銀青光祿大夫。

裴矩一看他這一招屢屢奏效，便越發別出心裁，勸請隋煬帝將天下四方各種奇技，諸如爬高竿、走鋼絲、相撲、摔跤以及鬥雞走馬等各種雜技玩耍，全都集中到東都洛陽，令西域各國酋長使節縱情觀看，以誇示國威，前後歷時一月之久。在這期間，又在洛陽街頭大設篷帳，盛陳酒食，讓外國人隨意吃喝，醉飽而散，分文不取。當時一些有識之士的外國人也看出這是浮誇，是打腫臉充胖子，但隋煬帝卻十分滿意，對裴矩更是誇獎備至，說道：「裴矩實在是太瞭解我了，凡是他所奏請的，都是我早已想到的，還沒等我說出來，他就先提出來了。如果不是對國家的事處處留心，怎麼能做到這一點？」於是一次又賜錢四十萬，還有各種珍貴的毛皮及西域的寶物。

裴矩個人是既富且貴了，卻給國家和人民帶來了巨大的災難。那場罪惡的討伐遼東之戰便是在裴矩的唆使下發動的，戰爭曠日甚久，屢戰屢敗，耗盡隋朝的人力、物力、財力，以致鬧得國弊民窮、怨聲四起，最終導致了隋朝的滅亡。而當義兵滿布、怒火四起，隋煬帝困守揚州、一籌莫展之時，裴矩看出這個皇帝已是日暮途窮，再一味地巴結他，對自己有百害而無一利，他必須要轉舵，將討好的目標轉向那些躁動不安的軍官士卒了。

他見了這些人總是低頭哈腰，哪怕是地位再低的官吏，他也總是笑臉相迎。

並且他向隋煬帝建議：「陛下來揚州已經兩年了，士兵們在這裡形單影隻，也沒個貼心人，這不是長久之計，請陛下允許士兵在這裡娶妻成家，將揚州內外的孤女寡婦，女尼道姑發配給士兵，原來有私情來往的，一律予以承認！」

隋煬帝對這一建議十分讚賞，立即批准執行，士兵們更是皆大歡喜，對裴矩讚不絕口，紛紛說：「這是裴大人的恩惠！」到將士們發動政變，絞殺隋煬帝時，原來的一些寵臣都被亂兵殺死，唯獨裴矩，士兵們異口同聲地說他是好人，得以倖免於難。

一提起「牆頭草」這個詞，恐怕大家都能說出古往今來的一些歷史人物對此道頗為精通，當這種人在你的身邊的時候，你會怎麼樣？反正我一定把他打發得遠遠的。

雪中送炭最可貴

人類的習慣之一，乃是往才華洋溢、優秀出色的人身邊靠近。如果能與事業有成的人締結關係，便可以巧妙利用對方那股氣勢。這雖然是理所當然的心理，然而在這種情況下結識的對象，通常無法培育成可靠的人際關係。由於萬事順利時人人都想與其結識，換作對方的立場想想，就可以明白他對每一個人的思慮不可能太深入。

反之，在沒落失志時靠近過來的人，會因為非常深刻的羈絆產生結合。在遭到眾人漠視的狀態，連原本來往密切的人也離棄，這時靠近上前的人，反而令人心存感激。在落魄時伸手援助自己的人，值得與之深交一輩子。

這種成功者與失敗者之間明暗突顯的例子，在選舉時最常看到。獲勝的候選人辦公室裡，連素昧平生的人也紛紛湧進，落選的候選人辦公室卻無人問津。仔細一看，有時甚至連選舉期間原本支援失敗候選人的人，也轉而投靠到政敵的辦公室。

這是十分落魄的境地。在選舉失敗下，人人離去的情景更令人感到淒涼。倘若是以前獲勝的現職候選人，必然加倍感傷。因此，在此時如果有人造訪辦公室，此人必定大感欣慰。倘若得到來訪者一番誠摯的勉勵：「下次選舉再好好加油！」將因此產生往前邁進的奮起心。

然而，一度失敗的人在某種機緣下再度翻身爬起的例子並不在少數。如果等到對方再度成功之際才來攀附交情，則為時已晚矣。就像股票如能在低價購入便可賺錢一樣，在別人落魄時伸出援手，幫忙解難的行為，在建立人際關係方面十分重要。換個立場，在你失意的時候，願意看到原來的朋友紛紛遠離、投靠你的敵人嗎？如果不願意，那就快遠離這些「牆頭草」吧！

第4種人
死鴨子嘴硬

這種人總以攻擊別人當作自己的職業。而且這種人未必都是「豆腐心」，他們對人的刻薄，簡直讓你無法忍受。

無理辯三分

隨著社會的發展、時代的進步，人們的自身素質也越來越高，但是社會上仍然存在著一些不講理的「死鴨子嘴硬」，我們的周圍也存在不少這種不講理的朋友。

不講理的「嘴硬」不見得都長著一副兇神惡煞的面孔，也不見得對誰都是橫眉冷對的樣子，他們的不講理是透過一系列言行表現出來的，那麼不講理的「嘴硬」，具體表現有哪些呢？我們來看下面一個實例：

某個炎熱的夏季，一輛電車進站，乘客不等車上的人下完，便一窩蜂地往上擠。突然，「嘩啦」一聲，一塊玻璃被一個中年男子弄破了。

售票員對他說：「玻璃弄破了，你賠！」

中年人反問：「為什麼要我賠？」

售票員說：「損壞國家的財產應當賠償。」

那中年人理直氣壯地說：「我是國民的一員，國家的財產有我一份，用不著賠！我那份不要啦！」

這個人就是一個不講理的「死鴨子嘴硬」。不講理的「嘴硬」有各種各樣不講理的表現，不管他們的表現行為如何，其實都是不講道理、講歪理，或者根本就缺乏理智。這種人常常會令我們很難與之進行交流及合作，與他們打交道時，常常會感到「秀才遇到兵，有理說不清」，有時還會感到莫大的委屈，實在委屈不過甚至會與他們大打出手。

試想一下，在這種情況下，我們還怎麼能做好工作，怎麼能與他們友好相處？那麼怎樣做才能更好地應對不講理者，提高自己在這些人中的威信呢？

與不講理的人相處時，首先，不能以粗暴的態度對待。如果以粗暴態度對待不講理的人，他們若不服，這樣就會引起糾紛，甚至會弄出人命來。

某年夏天，佑佑在老陳的水果攤上買了一個十一斤重的西瓜，準備去醫院探視住院的親人。誰知到醫院切開一看，瓜肉是粉紅色，白籽，便重新來到水果攤要求調換。這時，老陳堅決不同意，他是個不講理的人，如果佑佑有好好和老陳商量，事情可能會得到比較好的解決。可是佑佑卻沒有這樣，而是抱著兩個小的西瓜就走。老陳一把就將佑佑抓住，兩人就在街頭扭打起來。老陳於激憤中將佑佑的右耳上沿邊咬了一口。後來，佑佑負傷，老陳被拘留，並賠償醫療費及精神損失。這就是用粗暴態度對待不講理之人的結果。如果不是以這種態度對待不講理的人，那麼，就不會發生咬耳朵事件了。

我們都知道，不講理的人都是片面地看待問題和處理問題，一般都不是以客觀事實為基礎，他們大多都不講道理，甚至缺乏理智。瞭解了他們的這些特點以後，我們在實際生活和工作中，遇到這種人時，要保持足夠的冷靜和理智，絕不要以粗暴的態度對待他們，更不能像他們一樣不講道理。如果我們不能控制好自己的情緒，那麼只能出現令雙方都不愉快的局面。

既然不能以粗暴的態度對待不講理的人，那麼在遇到這樣的人時，我們就該任由其為所欲為，讓自己委曲求全嗎？答案當然是否定的，我們主張以說理的方式應對這樣的人。

獨斷專行

由於成功的經歷和地位、身分的特殊，有許多主管養成了獨斷專行的作風，如果遇到這樣的主管，下屬也應與他們友好地相處，因為這是對你個性上的一種考驗，只有經歷得住試煉，才能實現事業的成功。

獨斷專行的主管時常會固執地堅持自己的觀點，聽不進任何勸告。他是領導者，他是正確的，他不容你忘記這一點。在他眼裡，他的方法再不好，也不容置疑。他強硬地加給你一些他認為合理而實際上卻未必如此的要求。如果你想在他的支配下出人頭地，必須想盡一切辦法來表現自己。

他們因為自己大權在握，所以時時、事事都要求別人對他表現出特有的尊重，總是認為別人不夠尊重他，認為下屬企圖左右他。這些主管常有的心理是：

「這些人對我不夠尊重，什麼事情都做不好。但我現在有權，我要讓他們知道誰是主管。他們為什麼與我斤斤計較？不恭不敬的員工老是惹是生非，在這種情況下怎麼管好他們？我才不管誰是怎麼想的，他們必須按我的要求去做。」

當下屬向這種主管提出建議時，他很少會採納，不但如此，甚至還會認為下屬居心不良，他總是費盡心機地維護自己，生怕自己的權力被他人奪去。

試想一下，如果你的主管如此獨斷專行，你會是何等的痛苦，可是痛苦能解決問題嗎？能幫助你與獨裁的主管愉快相處嗎？當然不能，要想與之愉快相處你就要掌握一定的方法和技巧，巧妙地與獨斷專行的主管展開周旋。

獨斷專行的主管工作能力的確很強，也正是因此他才越來越聽不進去別人的意見，總愛指揮別人，還看不起別人。作為這種主管的下屬，往往是很難得到他的重視，尊重和欣賞就更談不上了。

要想改變主管的這種獨斷專行的作風，直接指責永遠達不到目的，迂迴說服才是最有效的方法。在與獨斷專行的主管相處時，你應該充分運用自己的聰明才智來獲取他對你的信任、重視和尊敬。如果你直言相告，指出他犯了錯誤，就會招致他的報復。如果你平心靜氣地跟他交談，指出他這種作風的弊端，反而可能會得到他的理解和好感，因為即便是獨斷專行的主管也需要朋友。

記住，不論你的主管多麼不完美，他都是你的主管，你千萬不要與他們產生正面衝突。即使他行為過分，你也要盡量減少與他的正面衝突。應該用迂迴、婉轉的方法提出你的意見，以免讓主管產生錯覺，形成一種你故意衝著他的成見。否則，你在他手下辦事就更沒有出頭之日了。

剛愎自用

你是否遇過剛愎自用的主管？這樣的主管常常令許多下屬難以忍受，可是不忍耐他，不與他搞好關係就不會獲取事業上的成功，因為他是你的主管。要想與剛愎自用的主管搞好關係，應對自如他的難纏行為，首先就要瞭解這類主管的特點。

剛愎自用的主管常常認為自己的想法一貫正確，而對他人提出的意見一概排斥，只要是他提出的，就有巨大的價值；如果是別人的，那就一文不值。實際上，他根本不想讓部門內的其他人積極地思考問題，如果你膽敢提出與其想法相悖的建議，就會被他扣上一頂「不敬頂撞」的帽子。這類主管常常會想：「那些給我提意見的人都是一些蠢材，這些蠢材以為他們無所不知，其實他們根本不知道在我接管工作以前，這裡亂到什麼程度。我是用了好幾個月才打理好這一切的，現在他們竟然想磨滅我的功績。」

許多具有真才實學、在工作上具有很多創意的人都不願意與剛愎自用的主管打交道，甚至想早日擺脱剛愎自用的主管。因為這樣的主管很難聽進別人的意見或建議，似乎所有提出建議的人都是故意與他作對似的。因此，一旦遇上這種剛愎自用的主管，閉口不言是對他、對己、對公司都是沒有任何好處的，因此要想改變這種局面，下屬們必須掌握應對的方法。

與剛愎自用的主管共處，你的目標是：讓你的想法得到客觀的考慮，同時又不致引起主管的反感。

①提建議而不是提意見：當你向剛愎自用的主管提出建議時，應當向其説明此項建議不是要求變革，而只是供他參考。表明你希望得到的不過是要讓你的想法得到考慮。你要強調主管的重要性。你要表示你的建議被採納只能説明一個事實，就是主管的英明。

②受到主管的啟發：表明在你的想法形成的過程中，主管起到了決定性的作用。

你必須使主管充分意識到這一點，比如要說明你是在上週聽到他的談話之後才產生這個想法；或者，是今天早晨在他和你商討提高生產率的必要性時，才產生這個念頭。要對他說，你聽了他的話才產生靈感，這樣可以使他能夠把你的建議當成自己的建議來考慮。

③選擇合適的時機：在進行深入探討之前，你首先要問主管，他是否有時間，否則，你可能會使他難堪。如果你知道自己的建議能得到大多數人的支持，不妨在開會時大膽地把建議講出來。

④簡明扼要：在你開口之前，最好先把自己的想法寫在紙上，事先模擬過程。這樣做，在報告中才會講得清楚透徹。

⑤抓住要點，據理力爭：如果你的建議遭到指責，你要想辦法據理力爭。在主管對你的建議發表意見時，你要記下你認為合理的反對意見，接下來在你發言時，首先要對正確的批評有所交待。而對其他意見則可以不予理睬，接著你要繼續論述其他正確觀點。

⑥給主管留餘地：你要給主管留出考慮這項建議的時間，在他感到還沒有掌握一

切時，為了保持自信，他可能拒絕你提出的一切建議。這時，你什麼也不要說，等他瞭解情況後再讓他重新定奪。

⑦變換說辭再提建議：如果你的主管拒絕改變主意，那就回去重新組織你想要解決的問題，然後再次向他提出。因為有時候，人們因為一種理由拒絕後，可能會因為另外一種理由而接受。

剛愎自用的主管雖說難以聽進別人的意見和建議，但是如果你結合實際情況巧妙地採用以上迂迴婉轉的方法，那麼我們相信，你一定能夠成功地應對，令剛愎自用的主管接受你的建議，重視你的才幹。

如果有人責難你……

責難就是責備非難。這有兩種情況，對責難的控制辦法，也要區別對待。

第一種，善意的責難。他人會對所談有疑問或不同意而提出問題和反對意見。對善意的責難應盡己所知，認真、負責地闡述自己的觀點或解答對方的問題，只要不涉及不法，都應有問必答，不可用「無可奉告」之類的外交辭令搪塞。如果確實回答不了，要老老實實地表示歉意，或者留下另行探討的話語。

第二種，惡意的責難。也有故意刁難說話的「嘴硬」，搞惡作劇，以達讓別人難堪、出醜的目的。對惡意的責難應針鋒相對，堅決、果斷地予以駁斥或揭露，手法上可以多樣化：或反唇相譏，或以牙還牙，或幽默風趣。此外，面對別有用心的攻擊，還可運用話題轉移法。

一般情況下，人們在同一思維過程中，使用的語言內涵應是確定的，要符合邏輯的同一性，不能任意改變概念的範圍。然而，在某些特殊的場合，人們又可以利用言語本身的不確定性和模糊性來「偷換概念」，使對話雙方話題中的某些概念的本質含義不盡相同，以求得到特殊的交際效果。

一位日本政治家在演講時，遭到當地某個婦女組織代表的指責：「你作為一個政治家，應該考慮到國家的形象，可是聽說你竟和兩個女人發生了關係，這到底是怎麼回事呢？」頓時，所有在場的群眾都屏住了呼吸，等著聽這位政治家的桃色新聞。政治家並沒有感到窘迫難堪，十分輕鬆地說道：「還不止兩個女人，現在我還和五個女人發生關係。」這種直言不諱，使代表和群眾如墜霧裡雲中，迷惑不解。然而，政治家繼續說：「這五位女士，在年輕時曾照顧我，現在她們都已老態龍鍾，我當然要在經濟上照顧她們，精神上安慰她們。」結果，這位代表無言以對，所有的聽眾掌聲如雷。

當然，我們在運用這種「話題轉移術」時應該注意到，轉移的話題與原話也題應有一定的聯繫。

面對刁難

一般來說愛刁難的「嘴硬」，他們的言語和行為方式都咄咄逼人。這類人基本上都是有備而來，或是對自身條件估計得比較充分，非常有自信能夠戰勝你。他們通常對你的要害部位實施猛烈攻擊，使你處於被動而無招架之力。那麼，對這種人究竟應該如何應對呢？

守中有攻，這是使自己能站得住腳的最佳辦法。在古代的哲學或兵法中，有關這方面的論述很多，每個人也許都有這方面的經驗。這種方法說白了就是先把拳頭藏起來，等候時機成熟，看準了對方，再猛烈打過去。

守中有攻一般在下列兩種情況下使用極為有效：

第一種情況是等到對方不能自圓其說的時候，這時你就應該反攻了。我們知道這種人在一開始會咄咄逼人、鋒芒畢露，也許你根本找不到他的破綻。但應該抱著這麼一個信念，他的鐵甲再厚實堅硬，也總有能下手的地方。只要你注意觀察、瞄準時機，一旦其鋒芒收斂，想作喘息、補充的時候，這就是個機會。

第二種是當對方已是黔驢技窮的時候。這時對方已經把要進攻的炮彈全部發射完畢才發現，他連你的「傷口」部位還沒找到。這就是所謂的「黔驢技窮」。他技窮之時，也是你反攻的最佳時機。

愛刁難的「嘴硬」最大的特點是總想使別人難堪，以顯得自己聰明、能幹，假如對方的問話是你所必須回答的、不能推脫的，而又要對方跟著你的思路走時，你可以裝作退卻。待對方乘機逼過來，讓他完全進入了圈套，然後再回過頭來對他反擊。

戰國時，韓國的使者史疾來到楚國。楚王問他：「貴客信奉何種方術？」史疾答道：「我研究列禦寇的學說。」「您推崇什麼道理呢？」「推崇正名。」

楚王問出興趣來，繼續問道：「正名能治國嗎？」史疾說：「可以。」「用正名的方法如何防範強盜？」楚王這樣問倒有詭辯之嫌了。此時，恰巧有隻喜鵲停在屋頂，史疾便反問道：「請問楚國人把這種鳥叫做什麼？」楚王回答：「叫做喜鵲。」「稱作烏鴉，可以嗎？」「不可以。」史疾便說：「如今大王的國家有相國、令尹、司馬、典令等官出缺，在您選用、安置官吏的時候，一定選擇廉潔奉公者擔任其職。可是，如今楚境內賊盜公然橫行，官吏卻沒能力制止，這就屬於烏鴉不稱作烏鴉、喜鵲不叫作喜鵲的事了。」楚王無言以對。

保持理智

和「死鴨子嘴硬」這樣的人爭辯，的確是件很痛苦的事情。有時候明明道理就在你這邊，但就是因為說不過他，弄得你更是火冒三丈，如果真的是這樣，你該怎麼辦呢？

華盛頓大學社會學家格勞斯指出，遭到公開羞辱當然不是一件樂事，也不是一件可被忽視的瑣碎小事。當因羞辱而受到感情傷害時，大多數人會失態：生氣、口吃、臉紅。但你應該有另一種選擇：保持理智，控制情勢。

不要花很多時間陷於煩惱，「為什麼這個人要非禮造次？」有些人蓄意使你感到窘迫，是因為他在心理上感受到你的威脅，或是為了報復你曾做過對他不利的一些事。另有一些人則僅是無心、不在意羞辱他人的愛開玩笑者。當然，如何應對這類窘迫的遭遇，得看當時的具體情況。若你的老闆或主管在同事們面前指責你，而且很可能下次還會這樣做時，你可以用下列的話來應對這種情況，從而以冷靜的自信來維護你的自尊：「我們是否能單獨探討一下這個問題？」

同樣，如果受到伴侶或朋友的這類傷害，與其以挖苦式的譏諷回敬，倒不如平靜地向他說明，你感到不舒服。如果他繼續使你感到窘迫，你可以向他進一步表示你將失去對他的信任。這種應對能力充分顯示你清醒而健康的自尊和受人尊重的感情控制能力，使傲然的對方感到相形見絀，從而反省自己的言行。

當有些人第二次有意羞辱使你感到窘迫時，你也許需要採取更進一步的措施。有時你必須當場阻止他，對他說：「看來你是有意讓我感到難堪，能否告訴我這是為了什麼？」或者對他這樣說：「你看來很煩惱。是否有些什麼使你不愉快的事情呢？」這種應對能表現出你不失於人的理智、不難於人的良好素養，從而贏得旁人的尊重，獲得對方的認同，改變他的消極心態，改善與增進雙方關係。不管你採取什麼態度，最重要的是絕對不要動怒。失態只能讓尋釁者占上風，而且會招致更深的敵意。

盡量避免爭執

遇到嘴硬的人，也許會和你爭論個不休。甚至把你弄得心情煩躁，這時你該怎麼辦呢？

許多事情並非那麼容易能用經驗加以解決。如果你像大多數人一樣在這種事情上有較為激烈的主張，也有一些辦法可以幫你認識自己的偏見。如果你一聽到與你相左的意見就發怒，這就表明，你已經下意識地感覺到你的看法沒有充分理由。如果某個人硬要說二加二等於五，或者說冰島位於赤道，你就只會感到憐憫而不是憤怒，除非你自己對數學和地理也是這樣無知。最激烈的是關於雙方都提不出充分證據的爭論。

迫害見於神學領域而不見於數學領域，因為數學問題是知識問題，而神學問題則僅是見解問題。所以，不論什麼時候，只要發現自己對不同的意見發起火來，你就要小心，因為一經檢查，可能會發現，你的信念或許沒有充分證據。

不成功人士喜歡僅僅為了爭論而爭論挑起爭端，或者使其他人失去心理平衡。那些挑起爭端的人也許會想，此刻朋友們和同事們會對他們的機敏與智慧留下深刻的印象。美國眾議院著名發言人薩姆・雷伯說道：「如果你想與人融洽相處，那就多多附和別人吧！」

他的意思不是說你必須同意別人所說的一切，而是說你不可能一方面無止盡地激怒別人，而另一方面又指望別人來幫助你。結束了一天工作後的人們，不喜歡把時間花費在無謂的爭論上。如果此刻你挑起爭端，他們會迴避你，最後你將會發現，你已被其他好爭辯的失敗者們所包圍。

林肯早年因出言尖刻而幾至與人決鬥。隨著年歲漸增，他亦日趨成熟，在非原則問題上總是避免和人發生衝突，他曾說：「寧可給一條狗讓路，也比和牠爭吵而被咬一口好。被咬了一口，即使把狗殺掉，也無濟於事。」我們在遇到某些不講理的人時，如果不爭論也無關緊要，不存在大是大非的問題，那麼學習林肯，把對方當「一條狗」好了。

卡內基指出：普天之下，只有一個辦法可以從爭論中獲得好處：那就是避免它。避開它！像躲避響尾蛇或惡犬一般。十有九次，爭論的結果總使爭執的雙方，更堅信自己絕對正確。不必要的爭論，不僅會使你喪失朋友，還會浪費你大量的時間。

美國心理學家布斯和鮑頓曾調查了一萬例真實的爭論。他們偷聽了社會各個階層人之間的爭論，包括計程車司機、夫妻、推銷員和櫃檯服務員，甚至包括聯合國的辯論。他們用偷聽的錄音做仔細分析，使人驚訝地發現了一個問題：職業的辯論家，包括政治家和聯合國代表，他們的意見被接受的成功率反而不如走街串巷進行遊說的推銷員。

其原因就在於，專業辯論的目的在於找出對方的弱點進行駁斥進而達到推翻其意見的效果，而與此相反的推銷員的目的卻是避免爭論，他們只是盡力找出一個觀點使對方能接受、贊同或改變主意。

每個人在講述自己觀點的時候，其實不僅僅是在就事而論，首先往往是他自己必須認同這個觀點，認為它是對的，因此才會說出來。所以，當他的觀點受到別人的攻擊，他首先想到的絕對不是懷疑自己，而是懷疑別人。懷疑自己是對自己自尊的威脅和攻擊，是讓自己出醜，為了捍衛尊嚴，他勢必不會認輸，甚至明知自己錯了，也會為了自尊而反擊，頑強抵抗。

於是，一場爭論就不可避免地發生了。被駁斥者在為自尊而反擊的時候，其考慮的基礎就不會再放在你的觀點是否正確的問題上，而只在思考怎麼維護他自己以及怎麼從你的觀點中找出漏洞。因此，這種完全非理性、情緒化的爭論會愈演愈烈，進而出現叫嚷、奚落、威嚇、羞辱，甚至形成了爭鬥。這時，即使你說得真的是頭頭是道，他也不可能接受。甚至還會演變到從對觀點的駁斥到成為對尊嚴和人格的衝突，也就決定了沒有人能贏得爭論。正如卡內基所說：「爭論的結果使雙方比以前更相信自己絕對正確。要是輸了，當然你就輸了，如果贏了，你還是輸了，因為爭論贏不了他的心。」

是的，想想吧！如果在爭論中你輸了，自然是輸了自己的觀點，無話可說；但即使是你贏得了爭論，可是對方卻會因此而認為你這個人性格太囂張，不易接近和相處，然後疏遠你，更嚴重的還會怨恨你的勝利，對你在心裡產生抵觸情緒，也許還想著總有一天要伺機報復回來。你到底贏得了什麼呢？在你的人際關係中，種下了這樣一顆不好的種子，結出的會是好果實嗎？是一場小小的爭論重要，還是長遠的良好交友環境重要呢？這就是因小失大的例子。你的觀點不僅沒被接受，還樹立了一個敵人，難道你贏了嗎？

其實，喜歡爭論的人往往對自己沒有信心，希望透過爭論的勝利來說明自己的水準，維護自己的尊嚴，這種想法本身就已經暴露了他們的低自尊：企圖壓低別人來抬高自己，把別人駁得一無是處，自己卻洋洋自得。

當一個人的修養處於一種很高的境界和水準的時候，他絕不會再用爭論的方式來解決問題。當然，不可否認的是，這其中不僅有自我修養的提高，也存在著一些技巧：

①歡迎不同的意見：有這樣一句話，「當兩個夥伴總是意見相同的時候，其中一個就不需要了」。人的思維不可能是絕對的完整和全面的，總有一些客觀或主觀的原因讓你有所忽略，那麼，有人給你提出建議可謂是一件好事，提醒你注意，避免下次犯下更大的錯誤，你真的應該衷心地對他說謝謝。不同的意見絕對不是引起爭論的好理由。

②不要急於為自己辯護：人也是動物，有最基本的生理反應，就是自衛。當一遇到對抗或者是攻擊的時候，直覺就會讓你首先要去自衛，要為自己找理由去辯護，這就是爭論的開端了。因此，應該先冷靜地聽完對方所有的觀點，客觀地分析和思考，說不定就真的能從中獲得極大的益處。不要急於作出第一反應，這時冷靜是最好的。

③誠實以對：如果發現自己真的有錯，絕對不要再試圖為此掩蓋或找理由開脫，那只會欲蓋彌彰。誠實地向對方承認自己的錯誤，並且請求他的諒解，大部分

的人是無法拒絕的。也就會解除他的武裝，使他不再步步為營，也就能讓你繼續冷靜地去找出解決問題的更佳方法，而不至於爭論起來。

④答應考慮對方的觀點：首先要說明這種同意絕對是出於真心，因為我們每個人都應當意識到自己思維的侷限性和易僵化性，所以要時時保持謙虛學習的態度和多聽取他人意見的心態。對方提出的觀點極有可能存在正確的一面，如果暫時不能做出判斷，那麼就應該答應再花時間多考慮他的觀點，防止自己犯錯，也讓他人覺得受到尊重，爭論就不可能發生了。

⑤找出共同點：有的爭論，到最後雙方發現其實彼此的觀點中有很多相似的地方，完全沒有必要去為此而爭執不休。然而，爭論對感情的傷害已經造成，不可挽回，豈不是件憾事。因此，在一開始就去尋找雙方的共同點，既能保持雙方的良好關係，又有利於找到靈活解決的方法。正如湯瑪斯．傑弗遜所說：「在原則問題上堅守立場，在極端問題上靈活處理。」

以沉默應對「口水」

最難纏的人物，莫過於那些生性淺薄而缺乏自知之明的「嘴硬」了，他們以攻擊人家的弱點為樂事，得理不饒人，要你丟盡面子才肯甘休。如果在你的周圍剛好出現這樣一個人物，他說話的聲音特別嘹亮，每句話像飛刀一樣直插聽者的心中，令人又驚又怒，你應該如何作出適當的反應，讓對方曉得你並不好欺負，而又不失自己的風度？

喜歡逞一時之快，嘲笑別人，達到傷害對方自尊心的的人，都有一個通病：欺善怕惡。由於缺乏涵養，認為別人無言以對，把對方踩在腳下，自己便會升高一級，增加自我的價值，結果慢慢地形成一種暴戾氣息，對人對事一味挑剔，還自認為具有非凡的洞察力、見識過人，別人越是顯出畏懼，他們越是得意洋洋，什麼尖酸刻薄的話，都不吐不快，毫不知道收斂。

面對這種自以為口才很好，卻是神憎鬼厭的人時，你既不要隨便示弱，也無須自我降格，跟他針鋒相對，你應該這樣做：

①默不作聲：當他正在高談闊論，心情興奮，口若懸河地把你的弱點一一挑出來

取笑時，你只須平靜地看著他，像一個旁觀者，興味盎然地欣賞眼前這個小丑的每一個表情，對方便會難以再唱獨角戲。

當他實在太惹人厭，總是找你的麻煩，每句話都是針對著你時，你要盡量壓抑怒氣，裝作聽不見，切勿中了對方的詭計，跟他唇槍舌劍。如果你根本不理會他，他便無法再獨白下去，他的弱點會因此而暴露無遺，同時更顯出你非比尋常的涵養功夫。

②退避三舍：在對方說得起勁，更難聽的話也脫口而出的時候，你實在不必再忍受這樣膚淺的人，你可以站起來禮貌地說：「對不起，請繼續你的演說。我先走了。」如果對方還存有一點自尊的話，他應該感到羞恥。

給對方留面子

在應對不講理的同事時，我們在不以粗暴的態度對待對方，善於說理，爭取以理服人的同時，還要盡量顧及對方的面子，讓對方有臺階可下。

關於這種方法的具體運用，我們來看下面這個十分典型的例子：有一個商場營業員，遇到一位中年顧客來退電鍋。那電鍋已經用得半新半舊了，他卻大聲地說：「我用了一個多月就壞了，這是什麼爛貨？給我換一個！」營業員耐心解釋，他卻大吼大嚷，並滿口髒話說什麼「我來了你就得給退，光賣不退算什麼！」營業員為了不使爭吵繼續下去，便溫和地對他說：「這電鍋已經用了一段時間了，又超過保固期間，按規定是不能退的。可是你執意要退，那就乾脆賣給我好了。」就在營業員掏錢的時候，那個粗暴的顧客臉紅了，停止了爭吵，悄然離去。

像這樣一種照顧對方面子的方法，是對付不講理的人一種較好的方法。反之，如果這位營業員當眾指責對方不講理，一點不顧對方面子，事情就有可能越鬧越大。

從這個例子中我們可以得到有益的啟發：如果在我們的同事中，也發生類似之事，或者發生不講理的事，如能運用顧及對方面子的這種方法，就能取得較好的效果；如果一味指責對方，不顧及他的面子，那對方肯定不會接受你的意見。盡量照顧對方的面子，你就能與這類同事相處更好。

輕描淡寫自己的成就

當然，有些人好面子是很正常的事情，但是如果太好面子了，就會給你造成麻煩。如果一個人認定了他就是比你強，一見面就會和你爭執，再加上他是「死鴨子嘴硬」，恐怕就更讓你吃不消了。那麼究竟該如何和這種人相處呢？

安德魯．卡內基是美國的鋼鐵大王，他白手起家，既無資本，又無鋼鐵專業知識和技術，卻成為舉世聞名的鋼鐵鉅子，這當中充滿著神奇的色彩，使許多人迷惑不解。

有一位記者好不容易才令卡內基接受採訪，他迫不及待地劈頭就問：「您的鋼鐵事業成就是公認的，您一定是世界上最偉大的煉鋼專家吧？」

卡內基哈哈大笑地回答：「記者先生，您錯了，煉鋼學識比我強的，光是我們公司，就有兩百多位呢！」

記者詫異道：「那為什麼您是鋼鐵大王？您有什麼特殊的本領？」

卡內基說：「因為我知道如何鼓勵他們，使他們能發揮所長為公司效力。」

確實，卡內基創辦的鋼鐵業是靠其一套有效發揮員工所長辦法取得發展的。卡內基的鋼鐵廠因產量上不去，效益甚差，卡內基果斷地以一百萬美元年薪，聘請查理．斯瓦伯為其鋼鐵廠的總裁。

斯瓦伯走馬上任後，激勵日夜班工人進行競賽，這座工廠的生產情況迅速得到改善，產量大大提高，卡內基也從此逐步走向鋼鐵大王的寶座了。可見，卡內基是十分聰明的，如果他自命是最偉大的煉鋼專家，那麼，會導致一些水準與其不相上下的專家不肯為其效力，即使是斯瓦伯這樣的管理專家，也不會被看重使用，而人們也不會如此敬仰卡內基了。

法國哲學家羅西法古說：「如果你要得到仇人，就表現得比你的朋友優越吧；如果你要得到朋友，就要讓你的朋友表現得比你優越。」

為什麼這句話是事實？因為當我們的朋友表現得比我們優越，他們就有了一種重要人物的感覺，但是當我們表現得比他還優越，他們就會產生一種自卑感，造成羡慕和嫉妒。

紐約市中區人事局最得人緣的工作介紹顧問是亨麗塔，但是過去的情形並不是這樣。在她初到人事局的頭幾個月當中，亨麗塔在她的同事之中連一個朋友都沒有。為什麼呢？因為每天她都使勁吹噓她在工作方面的成績、她新開的存款戶頭，以及她所做的每一件事情。

「我工作做得不錯，並且深以為傲，」亨麗塔對拿破崙．希爾說，「但是我的同事不但不分享我的成就，而且還極不高興。我渴望這些人能夠喜歡我，我真的很希望他們成為我的朋友。在聽了你提出來的一些建議後，我開始少談我自己而多聽同事說話。他們也有很多事情要吹噓，把他們的成就告訴我，比聽我高見更令他們興奮。現在當我們有時間在一起閒聊的時候，我就請他們把他們的歡樂告訴我，好讓我分享，而只在他們問我的時候我才說一下我自己的成就。」

蘇格拉底也在雅典一再地告誡他的門徒說：「你只知道一件事。就是你一無所知。」

無論你採取什麼方式指出別人的錯誤，一個蔑視的眼神、一種不滿的腔調、一個不耐煩的手勢，都有可能帶來難堪的後果。你以為他會同意你所指出的嗎？絕對不會！因為你否定了他的智慧和判斷力，打擊了他的榮耀和自尊心，同時還傷害他的感情。他非但不會改變自己的看法，還要進行反擊，這時，你即使搬出所有柏拉圖或康得的邏輯也無濟於事。

永遠不要說這樣的話。「等著看吧！你會知道誰是誰非的。」這等於說：「我會使你改變看法，我比你更聰明。」：這實際上是一種挑戰，在你還沒有開始證明對方的錯誤之前，他已經準備迎戰了。為什麼要給自己增加困難呢？

德國人有一句諺語，大意是這樣的：「最純粹的快樂，是從羨慕我們的人的不幸中所得到的那種惡意的快樂。」或者，換句話說：「最純粹的快樂，是我們從別人的麻煩中所得到的快樂。」

是的，你的一些朋友，從你的麻煩中得到的快樂，即可能比你的勝利中得到的快樂多得多。因此，我們對於自己的成就要輕描淡寫。我們要謙虛，這樣永遠會受到歡迎。要比別人聰明，但不要告訴人家你比他更聰明。

擁有自信

我們當中的很多人都曾經體會到自信、鎮定和別人說話不是一件非常容易的事情，特別是當我們的說話對象隨時想指出我們的錯誤時，或者是我們的說話對象想與我們一爭高低時。他們可能會讓我們在公眾面前顯得十分難堪和愚蠢，在這種情況下，我們需要具備更大的自信心才能在一群人或是在一群朋友面前說話。

所以你能做的是什麼呢？你怎樣做才能不被眾人取笑，或是被某人的大喊大叫制服呢？試著正視鏡中的自己，並大聲地重複著這句話：「我僅僅是要表明自己對這件事的觀點。」聽起來怎麼樣，還不錯吧？聽了太刺耳？試試其他類似的句子，諸如：「能否讓我僅就這件事表明一下我的態度」等等，直到你找到了認為適合自己使用的、運用自如的開場白。

現在每日對著鏡子練習你的開場白，相信時間長了這就會形成一個習慣，而且這習慣會讓別人對自己刮目相看。因為一旦再碰到有人想欺負你或是想透過說話占點口舌便宜時，你久經練習的這句話就會從你嘴裡情不自禁地脫口而出。

建立自信是一個漫長但是很值得你為之奮鬥的一個過程，這個建立過程也不可能在一夜之間完成，所以接受一些使用自信口吻說話的培訓課會使你在建立自信心方面取得巨大的進步、得到飛躍式的提高。

使用自信的口吻說話並不代表好鬥、愛攻擊人，或喜歡給人以壓迫感，或是愛與人作對。人們會認為，作為一個人，你有自己的想法和需求、欲望以及其他的權利。一個重要權利就是要求受人尊重，有權要求表達自己的觀點，有權要求別人傾聽你的觀點和想法。只有當你說話時態度是平靜的，而且能注意控制自己的感情時，你才會被人看作是在用非常自信的口吻說話（不管實際上你內心的感情是多麼洶湧澎湃）。

一個特別有效的技巧叫做「打斷插話」，也就是你可以用一種清楚明確的聲音向對方提到你想要的東西或是擔心憂慮，直到對方意識到你的需求。例如，對話可能是這樣的：「我想請你幫我從文具櫃中取一些筆給我。」「什麼！你認為我是整天只為你服務的嗎？」「我只是想請你幫我從文具櫃中拿幾枝筆給我。」「你沒看我現在手上還有工作，不能讓我清靜地做點事。」「我很體諒你的感受，但我只想請你幫我從文具櫃中拿一些筆給我。」

這時，更有可能的情況是這個人已經站起身為你拿筆去了。你需要的僅僅是表示你聽到了他們所說的話，並表現出很同情的樣子（「我很體諒你的感受……」）。但是你也要透過重複你的要求，表明你不會被他們的反應所左右，不會與他們爭吵起來。如果他們再繼續像這樣對你說話，就要堅持讓他們滿足你的要求，最終他們會向你妥協。

第5種人 笑裡藏刀

這種人表面上笑臉相迎，和藹可親，但背地裡常常藏著一把刀，讓人被他表面的笑容迷惑，但是在這笑容的背後，或許就是無法預料的陷阱。

笑臉的背後

一九六九年，日本決定發展摩托車，經過反覆討論還沒有定下最佳方案，他們決定出去搜集相關技術情報。就這樣，日本一千兩百餘名具經驗的工程技術人員出發了。

「日本要發展摩托車，有可能請你設計，也可能向貴廠訂購產品。不過，請先介紹一下貴廠摩托車的優點，並讓我把樣品帶回去好讓我說服我的主管。」這些日本人每到一個工廠就這樣詢問、懇求廠主。在日本人誠懇、友善的態度下，這些廠商十分高興，毫無保留地把最先進的技術告訴了他們，有的還把日本人帶到廠房、實驗室參觀。

短短的一年內，二百餘名日本人走訪了全球八十多個工廠，並帶回了一百多輛各類先進的摩托車。日本人將這些技術、樣品、資料整理、研究，集中優點，重新設計，並建立了自己的工廠。

兩年後，一種輕便、省油、耐用、便宜的摩托車問世了。這時，被日本人「訪問」的廠商才猛然醒悟。可惜，太遲了！

看了這個故事，掌握了識破「笑面虎」進行商業間諜活動的一招：走訪、聘請、訂購，即明修棧道，暗度陳倉。此招是誘導別人按正常的商業活動原則來判斷對手的行動意圖，以達到不可告人的目的。需要注意的是：竊取技術的人往往製造一種友好的氣氛來分散我們的注意力。與以「做一筆大生意」為誘餌相比，「笑臉」不過是小巫見大巫罷了。

前蘇聯人常常要求美國公司提供技術方面的詳盡資料，讓前蘇聯「專家」進行「考察」，理由是他們需要瞭解美國公司的技術是否先進，然後才能談生意。

可是，一旦他們取得足夠的技術資料，就隨便找個藉口使交易告吹，或頂多只做一筆小買賣敷衍了事。有些美國公司為了在前蘇聯市場上得到一個立足點，就不計後果地滿足前蘇聯方面的要求，結果白白向前蘇聯提供寶貴的技術資料，生意卻是一場空。真可謂「賠了夫人又折兵」。

一九七三年，前蘇聯曾在美國放風聲，打算挑選美國的一家飛機製造公司，為前蘇聯建造一個世界上最大的噴射式客機製造廠，該廠建成後將年產一百架巨型客機。如果美國公司的條件不合適，前蘇聯就和前西德或英國的公司去做這筆價值三億美元的生意。

美國三大飛機製造商：波音飛機公司、洛克希德飛機公司和麥道飛機公司聞訊後，都想搶到這筆「大生意」。它們背著當局，分別和前蘇聯方面進行私下接觸。前蘇聯方面在這三家公司之間周旋，讓它們互相競爭，以更多地滿足己方的條件。

波音飛機公司為了第一個搶到生意，首先同意前蘇聯方面的要求：讓二十名專家到飛機製造廠參觀、考察。這些前蘇聯專家在波音公司被敬若上賓，他們不僅仔細參觀飛機裝配線，而且還到機密的實驗室裡「認真考察」。他們先後拍了成千上萬張照片，得到了大量的資料，最後還帶走了波音公司製造巨型客機的詳細計畫。波音公司熱情送走這些專家後，滿心歡喜地等待他們回來談生意、簽合約。豈料這些人一去不回頭。不久，美國人發現前蘇聯利用波音公司提供的技術資料設計製造了伊留申噴射式客機。這種飛機的引擎是英國的勞斯萊斯噴射式引擎的仿製品。

使美國人感到納悶的是，波音公司在向前蘇聯方面提供資料時留了一手，沒有洩露有關製造飛機的合金材料的祕密，而前蘇聯製造這種寬機身飛機的合金，是怎麼生產出來的呢？波音公司的技術人員一再回憶、苦思冥想，才覺得蘇聯專家來考察時穿的一種鞋似乎有些異樣。問題果然就是出在這種鞋上。

原來，前蘇聯專家穿的是一種特殊的皮鞋，鞋底能吸住從飛機部件上切削下來的金屬屑。他們把金屬屑帶回去分析，得到了製造合金的祕密。

古語：「欲要取之，必先予之。」先給你好處的人，往往會從你那裡拿走更多。還有句俗話：「伸手不打笑臉人。」誰能想到在這笑臉的背後，還有更大的陰謀。

從細節中識破「笑面虎」

要防範「笑面虎」下屬，古代聖賢有理論，更有其實踐經驗，為我們提供了寶貴且便於操作的方法。這些方法體現社會的複雜和人生的智慧。「魔高一尺，道高一丈。」，「笑面虎」下屬再聰明、狡猾，總有讓人可辨之跡，有可防之術。

西漢御史大夫張湯為人狡黠多詐，濫施刑罰，辦事專門迎合皇帝的心意；對於皇帝不喜歡的人，就妄加誣衊，任意誹謗；對於皇帝喜歡的人，就胡亂吹捧，極力美化。他利用自己御史大夫的職權，經常隨意羅織罪名，彈劾大臣，殘害同袍。張湯對他的副手御史中丞李文懷有宿怨。張湯最寵信的小吏魯謁居，為了替主子剷除政敵，邀功獻媚，就悄悄地派人上書皇帝，用羅織來的罪名檢舉李文。於是，皇帝命令張湯來審理這個案件。張湯借機濫引法律條文，施以酷刑，終於誅殺了宿敵李文。後來皇帝偶爾問起案發原因，張湯假裝自己不知情，故作吃驚地說：「可能是李文的仇家幹的。」

其實，張湯做賊心虛。退下之後，急忙趕往魯謁居家密商對策。此時，正趕上魯謁居臥病在床。當張湯看到魯謁居的兩腳紅腫時，就親自給他按摩雙腳。這事正好被趙王劉彭祖看見了，心想，從沒聽說過一個主管長官竟然如此服侍一個小吏，判斷其中必有隱情；加上劉彭祖素來不滿張湯的殘暴，於是，向皇帝告發說：「張湯身為國家重臣，竟然給一個卑賤的小吏按摩雙腳，我認為其中有不可告人的勾當。」皇帝將此事交給刑部調查。調查期間，魯謁居正好病死，事情牽連到他的弟弟身上，因而被囚禁了起來。

一天，張湯恰好去監牢裡提審犯人，看見了魯謁居的弟弟。張湯本打算暗中營救，所以表面上假裝不認識。這樣一來，魯謁居的弟弟誤解了張湯的意思，心中既害怕又憤怒。於是，一不做二不休，叫他的家人上書皇帝，揭發了張湯與他哥哥魯謁居共謀陷害李文的經過。皇帝得到舉報，命令立案審理。

這是見於《資治通鑑》的一幕官場上權力鬥爭的鬧劇。這裡引述意在說明趙王劉彭祖能夠見微知著，透過現象看本質，從張湯為小吏「按摩腳」一事，洞察其中的陰謀。這的確是一種較為高深的識別「笑面虎」之謀略。

「笑面虎」善於察言觀色，臉皮很厚，把自己當成商品，謀求在「人才市場」上討個好價錢。這種人即使在工作上也好討價還價，以使該公司的上級給他們晉升或加薪的機會。或者他們在工作上不安分，但卻熱衷於巴結主管，為的是和主管套關係，不是憑工作成績得到重用和提拔，是想透過和主管的私人關係來得到好處。

「笑面虎」一般嘴甜、心細、臉皮厚，他即使是做錯了事，也往往會把責任轉嫁和推卸到其他人身上，而一旦有了功勞，他又會極力地吹噓自己的貢獻和成績，生怕主管不知道。還有，主管在場和不在場，他們表現完全不一樣，主管在的時候，他肯定是最勤勞的一個，連臉上的汗水他也不會去擦，就是想給主管一個好印象；主管一旦離開，保證他就在一旁休息了。

主管光憑自己的眼睛是很難發現的，因為這些人很會偽裝自己，只有多聽取其他人的反應，才能揭開這種人的真實面目。

對於這種人，距離無疑是不能太近的，他如果在哪個部門任職，哪個部門就會被他搞得亂糟糟。因此，主管一旦發現你下屬的某一位「笑面虎」，你要毫不客氣地把他撤換掉。哪怕他只是一個普通的員工，你都要提防，免得受騙。

變質的競爭

競爭，有時就是戴著美麗面具的醜惡怪物，我們往往在情感與理智之中迷惘，在你死我活的較量中使一些人際關係變得不堪收拾。於是，競爭使社會關係的天秤多了一個砝碼。這個砝碼將構成怎樣的傾斜，你一定要做到心中有數才行。

小張和小李是好朋友，也是相處不錯的同事。他們公司的新經理制訂了一個獎勵措施，業績最佳者將給一個特別獎，金額頗為可觀。小張非常希望獲得這筆錢，因為他的孩子上私立大學急需要一筆錢；小李也對這筆錢看得很重，因為他太太整天向他嘀咕誰家又買了輛車，誰的老公又升遷……，小李極希望藉著新經理的改革措施，讓自己在太太面前揚眉吐氣。小張瘋狂地跑業務，絞盡腦汁地聯繫，有時，也將自己的情況告訴小李。小張不相信同事之間會失去真誠和友誼，他認為幾年來他倆已相處得挺好。

忽然，小張發現自己的一些客戶都支支吾吾、言而無信了。他不明白為什麼。有人告訴他，他的客戶聽說他是品行惡劣的人，喜歡擅自將商品摻假，自己從中獲取非法利益……，總之關於他的謠傳很多。年底時，小李獲得了特別獎。小張從小李的業績單上頓悟了過來。他的嘴裡不斷地喃喃自語：怎麼會這樣？

小張的失誤在於他沒有認清這種對立矛盾的現狀，反而盲目地信任那些表面上對你十分真誠的「笑面虎」。在沒有競爭的日子，也許的確能做到大家彼此相悅，其樂融融，一旦進入戰場，角色就變成了有「對立矛盾」的人。在競爭中，除非一方自願放棄，否則，必然有刀光劍影的閃爍、明槍暗箭的中傷，令人防不勝防、難以迴避。當你棋逢對手時，你的情感、理智、道德、功利都將受到最大的考驗。當你想獲得成功的時候，是否不遵守道德準則；當你坦誠地面對競爭者，對方是否正在利用你的善良和誠意進行攻擊……。

「兵不厭詐」，早已成為制勝的「公理」了，競爭中的虛偽也就變得「在所難免」了。據說，希特勒在一九三五年成為「德國領袖與總理」之後，變得獨裁、專橫，與元帥布隆貝格產生了很大的矛盾。當時擔任戰爭部長兼武裝力量總司令的布隆貝格是一位敢於向希特勒提出不同意見的人。一九三六年三月，當希特勒命令國防軍進駐萊茵非軍事區的時候，布隆貝格提出了意見，他認為法國可能會因此向德國開戰，建議希特勒立即停止在萊茵地區的行動，並將開入的部隊撤回原駐地。一九三七年，當希特勒宣布要侵占奧地利與捷克斯洛伐克的計畫後，布隆貝格又提出了反對意見，認為這樣做會引起英法的干涉。希特勒對布隆貝格的反對意見極為震怒，他強壓怒火，但已下定決心，要除掉這個討厭的部長。

希特勒的親信戈林當時是布隆貝格的下屬。他表面上極力討好這位武裝力量總司令，暗中卻與希特勒配合，準備讓他自己走入陷阱。布隆貝格當時已經步入中年，但一直過著單身生活，從未結婚。戈林得知他與一位出身低下的婦女關係較密切，來往較多，就極力促成他們的婚姻。布隆貝格也清楚地知道，當時第三帝國對高階軍官的擇偶有嚴格的規定，出身低下的人不宜做軍官的配偶。戈林巧舌如簧，規勸布隆貝格元帥在婚姻問題上不應受任何規定的限制。在戈林反覆勸說下，布隆貝格決定結婚。

一九三八年元月十二日，布隆貝格舉行了婚禮，希特勒和戈林都是證婚人，但結婚幾天之後，戈林就開始在軍官中散布，說布隆貝格太太的出身太差，做一名軍官和戰爭部長的配偶很不合適。消息傳開，一時間弄得滿城風雨。這時希特勒開始向布隆貝格施加壓力，他說既然選擇了這種配偶，便不足以為部下的表率，希望他能妥善處理這件事。布隆貝格別無選擇，只有辭職一條路可走。希特勒略施小計，再加上戈林諂媚行事，便除掉了一名敢於與自己意見相左的高階軍官。希特勒、戈林這兩個證婚人，背後捅刀當面樂，可見「笑面虎」的虛偽性。

在爭奪榮譽之中

當我們進入社會後，要經歷幾十年的職場生涯，在這漫長的時間裡，往往會因為各種原因，與別人產生各種各樣的摩擦。

同事之間最容易產生的矛盾還是工作上的嫉妒和競爭。

《芝加哥日報》的創辦人勞生有一件為人津津樂道的軼事。當時縱情飲酒在新聞界可說是極普遍的風氣，但勞生是一位極端的禁酒者，無論什麼好酒，他都滴酒不沾。勞生有一個助理是公司的重要職員，他因病請假已經六個月了，在他銷假上班的那一天，便發現許多中傷他的流言蜚語散播在整個辦公室中，其中最具殺傷力的就是傳言說他是一個酒鬼，得的病就是因為沉溺於酒色的關係。

他自己也明瞭這許多流言是一個想謀奪他職位的人所散布的。這對於一個大病初愈的人來說，是一個多麼冷酷的打擊。他的確喝酒，但事實卻並非像謠言說的那樣嚴重。他覺得應該讓勞生知道真實情況。星期日，他就請勞生到家裡。

他想把這些流言重複給勞生聽，並向他解釋自己雖然飲酒，卻從來不為酒所困。他不停地辯解著，但因勞生一言不發，最後還以為勞生再也不相信他了。哪知勞生卻在這時說道：「你要告訴我的話都說完了嗎?你的困擾我都知道了！」接著轉向侍者說，「來一瓶香檳和兩個酒杯。」

斟滿酒後，勞生舉起杯子說：「祝你健康！」但是，像勞生這樣的主管畢竟少。

元朝的一位大奸臣哈麻，為人原則是，只要是對自己有利的事情就做。他曾巴結過丞相脫脫，像親爹老子一樣對待，脫脫受其尊敬也很信任他，但脫脫也信任別人，甚至信任別人要超過哈麻。比如脫脫對汝中柏就更加信任，而汝中柏和哈麻都設計陷害脫脫，直到陰謀得逞，讓皇帝降罪於脫脫，哈麻還親自到脫脫那裡宣旨說：「天子詔我，而我不從，是與天子對抗。那樣做，違反君臣大義，我堅決不幹。」於是，當場開讀詔書，脫脫交出兵權，踏上了貶往淮安的道路。

大軍聽說脫脫被貶，頓時大亂，百萬兵馬，一時四散。眼看就要成為俘虜的張士誠，乘機出兵，大敗元軍，不但解除了即將滅亡的危機，還壯大了自己的勢力。元軍束手無策，只好等待滅亡了。哈麻成為元朝國家滅亡的重大罪人之一。

哈麻雖然貶黜了脫脫，但害怕他東山再起，又唆使禦史臺官員上書說：「對脫脫的懲罰太輕，應該加重處罰。」於是順帝再次下詔，將脫脫流放於雲南大理，把也先貼木兒流放於四川碉門，又將脫脫長子哈剌章貶往肅州（今甘肅酒泉），次子三寶奴貶往蘭州（今甘肅蘭州）。將脫脫家產全部沒收充宮，將也先貼木兒家產賜給哈麻。如此重罰，哈麻還不放心，又假傳皇帝詔旨，派人鴆殺了脫脫。脫脫是元末最有能力的政治家，在國家危難關頭，死於哈麻這個「笑面虎」之手，對於元廷來說，是一個極其重大的損失。後來，隨著形勢發展，元廷日益走向滅亡，許多小臣僚更加懷念脫脫。至正二十二年，監察禦史張沖等上書請求為脫脫平反昭雪，順帝也意識到貶黜脫脫是一大錯誤，於是重新恢復脫脫官爵，召回脫脫的兒子哈刺章和三寶奴等。後來又有人建議脫脫加封一字王爵，擬定謚號和加封功臣之號等，順帝皆一一應允，但未等實行，元朝就滅亡了。

從人們崇敬脫脫和痛恨哈麻的史實中，可以清楚地看出哈麻謀害同僚的醜惡嘴臉。

人，在競爭中必然有衝突和矛盾。同事之間，有時會有利益、榮譽、權勢之爭。在這些得失的計較中，常常就大打出手，難以和平共處。一旦陷入這種紛爭中，你要學會保護自己，不要中了「笑面虎」的毒計。

提防主管突如其來的親近

和主管交朋友，一定要慎而又慎，尤其是那些很精明的「笑面虎」主管。

一般來講，精明的「笑面虎」主管都要讓你提心吊膽，因為他們往往是一些天生的心理學家，他們常常利用別人的心理錯覺，利用手腕達到自己的目的。所以，作為下屬的你要時刻提防他的「小人之術」。那麼，他會使用什麼手段來施行他的「小人之術」呢？

許多經驗說明，下屬一旦被主管作為協商的對象，就會對主管萌發感激之情，於是，事後就不得不對自己當時的話負責。「有點兒事想和你商量……」主管這樣一說，對此感覺厭惡的下屬大概是沒有的。下屬一旦被主管挑起自身的某種責任感，就一定不會覺得危險，對主管也就喪失了防範之心。下屬面對與自己同等級或是比自己差的人，別人越是表現拙劣，自己就越建立起心理上的自尊，產生了幾乎感到不好意思的優越感。

精明的「笑面虎」主管正是利用下屬的這種心態，拿出一些有問題的事情來找你商量，然後說你的意見正合他意，並且連連向你道謝。殊不知，此處卻有一個大陷阱在等著你。如果事情真按你的意見去做，而發生了無可挽回的錯誤時，就該你倒楣了。

「事先不知道會鬧出這樣大的事。」主管以這樣一句作結，那麼你應該相當感恩了；如果他再來一句：「我太信任╳╳╳了」，咬定完全是依你的意見行事的話，恐怕你得負最主要的責任！所以說，如果主管一找你商量事情，你就得意洋洋的話，說不定什麼時候就會被扯進麻煩裡。

這個原理，還經常被「笑面虎」主管運用在會議上。為了在重要會議上達到有利於自己的目的，這些主管以籠絡出席者的手段說：「敬請多多批評指教。」同時直率地向對方提出自己想要通過的議案，裝作接受指導的樣子：「請多指教。」一聽到這句話，下屬心裡就會產生一種優越感，而容易被「笑面虎」主管所利用。

精明的「笑面虎」主管有時還會利用你的虛榮心，採用使雙方立場倒置的言辭對你進行誘導，從而達到他們自己的目的。

人天生有一種抗拒心理，特別是對主管不合理或有不可告人目的之命令，都是不願意服從的。然而，同樣是主管的命令，如果用「拜託」這句話來扭轉彼此的身分，即使對自己不利，人的反抗心理也會微乎其微，常常不會感覺出這也是命令。

在平時，一般主管給下屬的命令都比較嚴肅，語言也運用「職務語言」，如

「我現在把每個人的工作任務安排一下，……大家各就各位，開始工作。」而精明的「笑面虎」主管為了掩飾自己不可告人的目的，他可能會故意走到下屬的桌旁客氣地對你說：「有一件事想拜託你……」本來應該用命令的語氣，主管卻對下屬稱「拜託」，由於措辭使立場（身分）逆轉過來，如此一來，下屬的虛榮心膨脹，飄飄然起來，很容易按主管的意圖去行動。有時候，主管還會用很親和的字眼來稱呼下屬，這時，雙方之間的情勢也會扭轉過來，使下屬抱有優越感，對主管也會變得信賴、順從，對其命令也容易失去戒備心。

能夠跟主管這麼親近地打交道，在下屬看來是一件很榮耀的事。精明的「笑面虎」主管有時故意做出某個舉動，說些好聽的話，把自己降到平等的地位，甚至透過語言的印象，使下屬格外受到尊重，這是藉著立場的逆轉，挑起對方的虛榮心。

對此，下屬要有清醒的頭腦，不能沉溺於主管的奉承之中。一旦出現這種情況，你就要提高警覺：是否又有難辦的事要交給你去做了。最好的辦法是，當主管突然與你拉近關係、套交情時，你千萬不要輕易答應主管，要先發制人改變話題。比如，當主管說：「小逗，我有件事想拜託你幫忙辦一下。」你可以說：

「哎呀！這恐怕不好，您上次吩咐的事，我正好處理了一半，一旦中斷，恐怕得從頭開始了。」這時，你可以與他談你正在辦的事情，把他的注意力吸引到這件事上。

如果主管與你套交情，你也別樂昏了頭，你可以在對方問題還沒有提出之前，先提出你的問題，讓他圍繞你的問題思考。總之，一旦主管莫名其妙地與你親熱起來，就要提高警覺，前後思量，注意防範。

朋友間的算計

「笑面虎」主管總是口是心非、鬼鬼祟祟，表面上他跟你是哥兒們，但你卻能從知情者那裡得知，明年的預算根本不包括你負責的計畫；或者他騙取你對他的信任，然後斷章取義，利用從你那裡得到的資訊情報攻擊、算計你。

「笑面虎」主管很會為自己的失信開脫。例如：「不錯，當時我的確答應要升他，但那也是沒法子的事，只有靠他那層關係才能把項目做成。我不答應升他，他怎麼會這麼賣命。但他心裡應該清楚，這個職位不適合他，他不是當經理的料。不過，我也會適當補償他的，多給他發點獎金不就得了。」

對於「笑面虎」主管，你要防備他的刺探。例如，一天你因公事與主管一起出差，對方突然問你：「你跟同事間似乎有很大的問題存在，你如何面對呢？」天地良心，你一直覺得與同事相處得十分融洽，公事上大家都很合作，私人間也是客客氣氣的，何來問題呢？所以，面對主管的提問，你必須表現得落落大方，微笑一下，反問主管「你看到了什麼？」或者，「你聽到了什麼？」對方必然是無言以對，你可以繼續説下去：「我們一直相處得很好，我沒有察覺到有什麼問題，也沒有發生過不愉快事件！」若對方是有心挑撥，或試圖獲取情報，你的這番話就沒有半點線索讓他查到，還間接地拆穿了他。對方要是真的想透過某些蛛絲馬跡或小道消息明白一下而已，你的表現也就等於怪他神經過敏了。

不過，很多事情並不如表面那樣簡單，背後可能有不可告人的目的，必須提防陷阱，小心被主管暗算。當有一天，主管突然提出一項提議，譬如調派你到另一部門工作，或把你派駐海外分公司：千萬別太高興，因為這很可能是一種陰謀、一個託詞，最終目的是要消滅下屬的權力或影響力。不少下屬不疑有詐，欣然接受，到後來知悉事情真相時已經太遲。

這種手段實際上是一種明升暗貶的方法，目的是要令你在新職位上無所作為而自行辭職。公司內有著一些看似很悠閒、很輕鬆的職位，如果你在你的職位上做得不錯，主管突然派你接管這種職務，千萬不要以為是在關照你，這不過是「冷凍」你的手段。若你一時不慎接受公司的提議，就好比一名沉船上的水手，只好任人擺布。

明白了「笑面虎」主管的特點，那麼怎樣才能和這種主管相處呢？不妨給你幾條建議：

①不要輕易地相信甜言蜜語：你的目標是要從他那裡得到直截了當的答覆，以此瞭解自己所處的地位，做出相應的計畫。

②找出原因：在認為主管來刁難你之前，首先需要找出他這樣做的原因。

③保持警戒心：主管一旦突然地、毫無原由地對你許下什麼美麗動人的諾言，千萬要保持一份警戒心，不要他說什麼就信什麼，好好考慮一下。

④伺機而動：在他的話未被證實或當著眾人的面宣布之前，你要姑且聽之，按兵不動，靜心觀察，認真分析，然後再做出反應。

⑤開誠布公：如果主管委託你辦一件事，並答應做妥之後提拔你，那麼在完成他的委託任務之後，要盡快把這件事公開，讓其他人都知道，這樣他就很難反悔了。

應對這種主管時，要做到「有理、有利、有節」，本著以「和」為貴的原則和他們共處。

第6種人 空口說大話

這種人牛皮吹得天花亂墜，讓你覺得他無所不能。空許願，又讓你白歡喜一場，這種人往往是成事不足，敗事有餘。

吹牛者的心理診斷

吹牛，在人們的生活中司空見慣的事，但有時候，吹牛是一種精神人格異常的表現。在精神病學中有一種「誇大妄想」，其表現之一就是吹牛。有這種妄想症的人在與他人交談時會說得天花亂墜，內容往往脫離客觀現實，甚至是「天方夜譚」。他們常把自己描繪成才能驚人、權力無限、財富巨大、無所不能的奇人，並且誇大妄想所談的內容還會隨時間和環境的變化而變化。

誇大妄想的初期，患者吹牛的內容破綻不一定明顯，有些聽者會信以為真，在不知不覺中成為他的追隨者，有時甚至會上當受騙。隨著病情的發展，患者的病態思維就會變得毫無邏輯，牛皮的內容也隨之破綻百出，這時候和他們交談，就會很容易判斷出這種吹牛行為是一種病態。

其實，很多時候，吹牛也許並沒有這麼嚴重，只不過在人與人相處時總想讓對方對自己印象好一點，讓別人覺得自己看起來比真實的自己更偉大些，這倒是一種正常的心態，無可厚非。所以，每個人在與他人談話時，多少都會有一些吹噓或說謊的成分，都會對自己有點膨脹和誇大，但這是有一定限度的。有些人故意說些誇大其辭的內容，只是當笑話說，讓談話的人都開心一點，活躍氣氛罷了，這種幽默的方式倒是滿受人喜歡的。

提供有趣好笑的話題來活躍氣氛還算是讓人接受的。但是，一本正經大言不慚地吹噓自己，並且謊話連篇地吹牛皮，就分明是虛榮心作怪，自我表現欲過強。這種人其實是很差勁的，為了掩飾和彌補自己的缺點和不足才拼命大吹牛皮。

有些人吹起牛皮來臉不紅氣不喘，一點都看不出他們是在說謊。他們會吹噓自己多麼見多識廣，走過世界上多少國家，或者自己認識多少各界名人，有什麼事儘管找他幫忙，再或者自己家人如何有錢有勢，自己工作如何輕鬆又賺大錢等等。在他們看來，「假作真時真亦假」，謊言講多了也就變成真的了，所以他們會不停地吹牛皮、不停地說謊，幾乎連他自己都認為自己的謊言是真的，完全忘了自己是誰。

故意說大話、謊話欺騙女性感情，博取女性好感的男人，自然是女性要當心的人。他們是純粹有預謀的撒謊吹噓，圖謀得到女性的真情和信任，進而達到他的某種目的。

不過大多數平常喜歡吹噓的「吹牛大王」，很多只是性格上就愛吹牛，倒不是故意要欺騙別人，他們在任何人面前都是大話連篇，謊言不斷。也就是說，與故意用大話欺騙別人的陰險之人相比，他們只是為了希望得到對方的好感，而不管對方是誰，在下意識裡多半沒有想騙人的意思。

這種本性就喜歡大言不慚吹牛皮、也吹慣了牛皮的人，事實上到頭來在現實生活中還是做不到他嘴裡所說那種地步。而且他們感情善變，喜好過虛榮奢華的生活，也常因太過吹嘘而被聰明的人捉弄。他們在牛皮被揭破時，也會有歇斯底里的傾向。所以，要與這樣的「吹牛大王」來往的話，最終只是得到了一個吹破了的牛皮鼓。

愛吹牛的人

雖然有輕重的差別，但是很多人都具備「吹牛」的要素。其中的佼佼者，莫過於「吹牛男爵」的冒險故事。

「我在海裡游泳。突然間，有一條巨大的魚兒把我吞下肚裡。乖乖……他的胃袋又寬敞又黑暗。」「我就在他的肚子裡跳踢踏舞。如此一來，魚兒驚駭異常。他向我投降，於是才把我吐了出來……」

此人心平氣和地說出「牛皮之語」。聽了他這一句話，就算是小孩也知道他是騙人的。不過，像這個男爵一般的人，仍然大有人在。從美國回來的政治家，在機場被一群記者包圍時，擺出架子說：「真想不到，我隨便吹噓幾句，國務卿就嚇住了。他很感動地要求跟我握手。」

為什麼有人那麼喜歡吹牛呢？難道笨得不知道聽到的人會「戳破」牛皮？事實並非如此，都是由於「自我表現欲」作祟，所以才喜歡吹牛。換句話說，在那一瞬間，想誇示自己的欲望，壓倒了「牛皮會被戳破」的判斷，使自己陷入麻痺狀態。吹牛皮的人，望著聽者感嘆的表情（事實上是愣住的表情），就會進入一種自我陶醉的境地。

根據我的分析，吹牛包含自我陶醉的說法，也許有一些人會感到莫名其妙。但是，一旦你明白吹牛時的心理狀態（具有爽快感，讓人感到激昂興奮）的話，你就會同意我的分析。除此之外，吹牛時，現實與幻想會混淆在一起，使當事人誤以為是真的，致使他所說的話會增加幾分的逼真。只要洞察這兩點，你就會恍然大悟。在這種場合，人的吹牛內容有兩大類，一種像上述吹牛男爵一般，目的無非是要給聽到的人「意外感」，並且也喜歡看到聽者睜大眼睛，說上幾句「哇！」「噢？」「老天！」等的感嘆詞；從另一個方面來說，這些「吹牛大王」也是具有服務精神的人。因為在沒有任何人要求的情況下，他可以對著一席的人，滔滔不絕地談論個沒完。同時，他也具有旺盛的「獲得注意欲」。

總而言之，他只是千方百計的要周圍的人注意他罷了。例如在酒吧裡，他也可以在陌生人面前胡謅一陣子，那些人聽後會對他說：「這些都是你編出來的，對不對？」，他不但不生氣，反而會莞爾一笑。

遇到祝賀或者撫慰的場面，喜歡以德高望重賢達的身分，撿一些他人的牙慧，以三寸不爛之舌，說一些似曾聽過的大話之輩，也是屬於這一類的人。

在一般的情形上，「吹牛」可以說是沒有惡意，也是無傷大雅的謊言：不過除此之外，還有一種人，暗藏著自我宣傳之嫌的「吹牛」方式。這一件事，無非意圖「自我重新受到評價」，以便抬高自己的地位而已。

「的確，他並不是泛泛之輩，可說是相當了不起的人物。」這也就是他吹牛的真正心意。確實是膚淺之舉，足以令人萌生「可憐又可悲」的念頭。不過叫此輩恰到好處的吹噓一下，也可以助長談話的興頭。當他逐漸得意忘形，感到前後語句不能連貫時，難免也會露出馬腳。反過來說，絕對要克制自己，以免受到他的蠱惑。

「那時我正埋首於發明，有某位女性對我展開熱烈的愛情攻勢……，不過當時的我……」諸如此類，藉回憶的告白型「吹牛」很可能會使你上鉤，你得特別注意。

此類「吹牛狂想曲」的喇叭，有時還會發出種種不同的音色。你必須仔細地加以分辨。

認清騙子

世上騙子很多，稍不留神就容易被傷害，因此平時要多留意。根據我的觀察，在生活中，下列方法可能對你有幫助：

①認清哪些人最可能騙你：例如，某人可以從你這裡得到不少好處；某人覬覦你的某樣東西；某人一定要你接受他的建議等等，這些人都有可能騙你。

②不迷信一個人的過去：一個人過去從來沒騙過你，並不能肯定他現在不騙你。

③不受外表的蒙蔽：一個人誠實與否，是不能用眼睛看出來的。

④要積極揭露騙子：如果你發現了一個騙子，不能睜一隻眼閉一隻眼就算了。這樣他會繼續行騙。

⑤表明你只要事實：讓人們都知道，你只尊重說實話的人。聽到不愉快的事，不要緊張、生氣，否則，下次別人只好騙你了。

要識別騙子騙人的伎倆其實很簡單，告訴你一個簡易的判斷方法：觀察嘴巴。人在說謊時，大多會覺得嘴唇和喉嚨變乾，因此常用舌頭舔自己的嘴唇並使勁地吞嚥。也可以觀察他的手腳，人在說謊感到不安時，會用手指輕敲桌面或椅子扶手。腳輕敲地面也是一樣的道理。還可觀察眼睛，人在說謊時，眼光往往不敢與你對視，這是最強烈的暗示。

另外，說謊的人常常會不經意地扯衣服上並不存在的皺褶，或彈並不存在的灰塵。這樣可以避免與對方目光接觸。說謊的人會不斷地整理領帶或項鍊。這一動作只能表示對方心裡不安。此外，觀察腿部也很重要，人在說謊時，腿不斷翹起又分開，分開又翹起，藉此舒解心中的不安。

謙虛的人值得交往

湯瑪斯．傑弗遜是美國第三任總統。一七八五年他曾擔任駐法大使。一天，他去法國外長的公寓拜訪。

「您代替了佛蘭克林先生？」外長問。

「是接替他，沒有人能夠代替得了他。」傑弗遜回答說。

和這樣的人成為朋友，難道不是一種人生的恩賜嗎？傑弗遜的謙遜給世人留下了深刻印象。謙遜的目的，並不在於使我們覺得自己的渺小，而是以我們的權利來瞭解自己以及對於宇宙的貢獻。除了傑弗遜，愛因斯坦和甘地等這些偉人，都是以謙遜為懷者。當然，他們並不自卑。他們對自己的知識，服務於人類的目標，使世界更趨美好的欲望，都充滿了自信心。

謙遜的人並非自我否定，它是自我肯定，信任自己的正直與尊嚴。謙遜是成功與失敗的融合。謙遜的人對於過去的失敗有所警惕，對於現在的成功有所感念。他們不會讓成敗支配自己。謙遜具有平衡作用，不讓自己超於自己，也不讓自己劣於自己，也不是讓自己高人一等或屈居人下。謙遜即是寧靜，使他們不致受往日失敗的拖累，也不致因今日的成功而自滿。謙遜是情緒的調節器，使他們保持自我本色，青春常駐。

謙遜的人往往具有以下的特徵：

◇誠懇：誠以待己，誠以待人。
◇瞭解：瞭解自己所需，瞭解他人所需。
◇知識：學習知道自我的特質，不必模仿他人。
◇能力：培養聆聽與學習的能力。
◇正直：建立自我的內在價值感，忠於這份感覺。
◇滿足：經由瞭解建立心靈的平和，不需小題大做。
◇渴望：尋求新境界、新目標、新成功，並且付諸實行。

◇成熟：成熟是彩虹盡端的黃金。能因成熟而瞭解謙遜，因謙遜而獲得成功。

謙遜並不表示自卑。和這種人相處會讓你受益匪淺，因為它是快樂的泉源。英國小說家詹姆斯．巴里的話最為中肯：「生活，即是不斷地學習謙遜。」

真正的智慧總是與謙虛相連，真正的哲人必然像大海一樣寬厚。一個人只有瞭解得越多。他才會認識到自己知道得越少。這是一條人類認識的規律。一個學生認為自己已「學有所成」，去向老師辭行，這位老師深知這位學生的底細，看著這位「學有所成」的學生，老師慨然道：「事實上，我自己才剛剛入門。」

半桶水盪得很，一桶水倒不盪。淺薄的人總以為上天下地無所不知，而富有智慧的哲人深感學海無涯，唯勤是岸。牛頓曾有感於此，他說：「他只不過是一個在大海邊拾到幾個貝殼的孩子，而真理的大海他還未曾接觸。」

學識豐富的人，由於對知識過於自信，多半不容易接受別人的意見。知識要豐富，態度要謙虛。不僅如此，他們往往強迫別人接受自己的判斷，或擅自做決定。一旦這麼做，將會導致什麼後果呢？對！被壓制的人，會覺得受到侮辱、傷害，而不會心甘情願地聽從。他們可能會憤怒、反抗。更嚴重的，也許會訴諸法律。

而真正的大師，即使談到自己有把握的事，也會裝出不太有把握的樣子。陳述自己的意見時，從來不會太過武斷。若想說服別人，他們會先仔細傾聽對方的意見，用和周圍的人同樣的方式說話。他們不會刻意修飾措辭，只是純粹地表達內容。他們絕對不會讓自己顯得比周圍的人更偉大，或更有學問。

遇到這樣的一個人你會是什麼感覺？反正我會感謝上蒼對我的眷顧，和這樣的朋友相處，實在是人生的快事，比聽那些「吹牛大王」胡說八道要好出無數倍。

言而無信

有時，認認真真地拜託別人幫忙辦事，他在痛痛快快的答應之後，就沒了下文。這種事，我反正是經常遇到，仔細想想，這事還真是無法避免。

現代人，壓力大，工作生活忙碌，但礙於情面，你託他人辦事時，對方有時熱情地答應下來，似乎挺夠義氣，事實上，很可能他說過就忘了。

劉小姐特別想去加拿大深造。她託了一個在加拿大打工的老朋友打聽關於入學的情況。還特地為此請那個老朋友吃飯。

那個老朋友去了加拿大之後，劉小姐天天盼著來信，將希望寄託在他身上。十天、半個月、一個月，她終於按捺不住，打電話去詢問。那個老朋友熱情地說：你放心你放心，我一直惦記著呢！只是最近特別忙。又過了一個月、半年，她打了好幾次過去，他還是在電話裡熱情地說：你放心你放心……，直至放暑假了，他還是沒給她任何消息。劉小姐氣憤不已，覺得他太虛偽了！為什麼不說實話。後來，她在氣急之下，決定直接向那個學校聯繫，沒想到，很快就得到了準確的資訊。

有些人，答應得很快卻未必去做。這種人不僅沒幫你辦成事，反而會誤了你的事。這樣的人將來就很難再得到他人的信任了，你也千萬不要讓這種人幫你辦什麼重要的事情。

口是心非

口是心非的人與背信棄義的人有某些相似之處，都是言行不一，表面上對你露出一副親切坦誠的面孔，背後卻對你不仁不義。背信棄義的「吹牛大王」慣於違背諾言，因為他們自己從來就不相信諾言。實際上你是在跟一個不成熟、缺乏責任感的「吹牛大王」打交道時，他會毫不在意，可以任意向你做出承諾。在他認為有必要的時候，就可以一腳把你踢開。比如：他要開一家公司，有些朋友想和他合作。在他的眼裡，張三是障礙，就想盡辦法將張三拿開。他還有自己充足的理由：我也是沒有辦法，當初和他做朋友，看中的是他的關係。現在這些關係都用完了，這個蠢材留著一點用都沒有了。我不讓他走，難道還等他把我辛辛苦苦創立的事業都毀掉不成？

與背信棄義的「吹牛大王」相處，你要巧妙地讓他確信你能幫助他達到他預期的目的。你的目標是要讓他遵守諾言，制止他做出背信棄義的事情。不能任由他把事情搞砸又反過來責備你，或者覺得從你身上無利可圖時，把你一腳踢開。

面對這種「吹牛大王」，你應當：

①把事情當做他的問題來討論：探討一下你們共同的目標以及對於你們來講最重要的事情。提醒他，如果他履行諾言，就會從中得到好處。

②提醒「吹牛大王」遵守承諾：明確自己的所需並且坦率地說出來：「你當初說過，能在兩個月內把欠我的錢都還給我。現在時間已經到了，為什麼沒見你有什麼動靜。」

③進行必要的申辯：如果你覺得有必要申辯，一定要把握好自己的語言和態度。對此，除了考慮到當時對方的心情、對方的性格特點及工作方式以外，更為重要的是，你切切不可表現出一種蒙受冤枉的委屈狀，而應該表現出一種非常豁達的態度。首先肯定對方也許是無意中錯怪了自己，這樣，就給對方一個很好的臺階，讓他很容易改變自己的觀點。另外，在申辯過程中，最好多用事實講話，用事實來證明自己沒有錯，而不要表示自己沒有責任。最好避免出現「不是我的錯」、「我沒有責任」等話，以免直接地刺激對方，使對方產生強烈的抵觸情緒。

④請其他人出面解決：你可以聯合其他朋友，用各種可能的方式，說明對方對自己不合理的地方，讓「吹牛大王」知道問題所在，從而實現他們的承諾。

信譽失去難再尋

當一個人失去信譽之後，一些不瞭解真相的人，可能還會有人信任他，但是，幾次的失去信譽，就像那個放羊的孩子不斷地喊「狼來了」造成的那種後果一樣。

一位老闆說：「中國有十三億人口，每一個人騙一次就足夠了。」這句話，讓人聽起來有些心寒。然而事實上，老闆說的這句話倒是實話。當然，這個老闆在人前所標榜的卻是另一番話語：「我是一個特別注重信譽的人，人在江湖，靠的就是一個信用。做生意嘛，不能只做一次，要長期合作，大家一起賺大錢。」這個老闆慣用的伎倆是用真誠的話語騙取合作者的信任，並且總是許下一些「空中樓閣」式的諾言，或者進行鄭重承諾，信奉雙贏原則。同時，恰到好處地施以小恩小惠，讓你產生「知遇之恩」的錯覺。當你要拿取自己所得利益時，即便是白紙黑字的協議，也會被他胡攪蠻纏似的推翻。

據說，那個老闆最後生意賠了。因為同行都知道他的底細，沒有什麼人願意與他合作。這是「吹牛大王」的必然下場，但是在他的真面目暴露之前，一定騙了不少人。你一定要睜大眼睛看看周圍的人，誰會是「吹牛大王」，千萬別讓這些人把你蒙蔽了。這些毫無信譽可言的人，往往要處處表現他們的信譽。

有一個無賴，路上遇到了一幫狐朋狗友，想請客但口袋裡又沒有錢。他把一幫朋友邀進一家酒館，酒過三巡之後，向店主先要了一碗麵，對眾客人們說：「你們先喝著，我回家把這碗麵送給老母馬上就來。」到家後，換了自家的碗，端著麵來到一家小鋪子裡。鋪裡有個老太婆腳踏著大銅爐，坐在櫃檯內。他走上去對老太婆說：「我家擺壽宴，要我送一碗麵給您老人家吃。」老嫗高興地起身致謝。他又說：「我家來客多，煩您把麵倒到你自家的碗裡，我還要把這個碗帶回去用呢。」老婦人起身到廚房裡去換碗，無賴拎走大銅爐賤價將它賣了，拿著錢又到家裡拿了酒館的碗，回到酒館裡與客人們接著大吃起來。

如果，無賴回去再找那些他欺騙過的人，他們會再相信他嗎？還會願意與他相處嗎？如果你的身邊有這樣一位「吹牛大王」，你可一定要留心了，誰知道他在別人面前許下承諾之後，會不會拿你當墊背。

亂開空頭支票

翻閱美國的商業歷史，我們可以看出，五十年以前的大商店，在今日依然存在的幾乎是寥若晨星。那些大商店，在當時好像雨後春筍、生機蓬勃，登各種欺人的廣告，做各種騙人的勾當，真是盛極一時。然而它們的壽命不可能長久，因為它們缺少信譽。在大眾面前，它們終究是不可靠的，雖能一時欺騙得逞，但是這種騙局遲早是會被發現，那時它們就要被冷落、衰落而終至失敗了。

天下沒有一種廣告能比誠實無欺、言行可靠的美譽更能取得他人的相信。你要接近這種人，和他們做朋友。一個人講信義了，這個人就會有威信，說話就有人聽，有人信，當遇到困難的時候人們就會跑過來幫助他；反之，一個人若總是騙人、不講信用，那麼，這個人的人緣就會很差，說話的分量就會大打折扣，有時即使說的是真話，人們也總以懷疑的態度來對待，而當這個人處於危急、需要他人救援時，人們也會採取冷漠態度對待。

◇缺乏一點責任感：有的人為什麼說話很隨便？就是因為缺乏社會責任感，不會設身處地為他人著想。譬如，答應他人三點鐘約會，四點還沒到，完全不考慮對方是多麼焦急，不考慮浪費他人時間，甚至還認為這些都是「小事一樁、無所謂」，這就是缺乏責任感的表現。一定要對他人的這種行為表示強烈的反對。人是一個社會群體的小份子，每個人的任何社會活動都在表現著對他人、對集體、對社會的一種責任，為什麼做人做事一定要「言必信，行必果」？因為只有這樣，人才能有所進步。因此一旦遇到這樣的「吹牛大王」，就必須加強他們的責任感。

◇未考慮承諾的可行性：某大學的系主任，向系上的青年教師許諾說，要記功獎勵他們三分之二的人。但當他向學校申報時，出了問題。學校不能給他那麼多名額。他據理力爭，跑到腿酸，說到口乾，還是不能解決問題。他又不願把情況告訴系裡的教師，只對他們說：「放心，放心，我既然答應了，一定會做到。」最後，評定情況公布了，眾人大失所望，把他罵得一文不值。校長也批評他是「本位主義」。從此，他既在系裡信譽掃地，也在校長面前失去了好感。

諾言是否能兌現，不只是決定於主觀的努力，還有一個客觀條件的因素。有些照正常的情況是可以辦到的事，後來因為客觀條件起了變化，一時辦不到。這是常有的事。因此，我們在工作中，不要輕率許諾，許諾時不要斬釘截鐵地拍胸脯，應留一定的餘地。有些人口頭上對任何事都「沒問題」、「一句話」、「包在我身上」，一口承諾。可是，嘴上承諾，腦中遺忘，或腦中雖未遺忘，但不盡力，辦到了就吹噓，辦不到就噤若寒蟬。這種把承諾視作兒戲，是對朋友的不負責行為，對這種人的話你千萬不要當真。

◇功利的誘惑：狡詐、欺騙是人不講信義的很重要原因，而受功利的誘惑則是導致人產生狡詐、欺騙行為的最主要原因。為此，交際當中一定要注意他人的行為是不是受到功利的誘惑，是不是這個人過於實用主義，他會不會因蠅頭小利去算計他人，是不是只看到自己鼻子下的一點事，這種人是你不能信任的，因為在他們身上，根本沒有「信義」兩字。

如果你在人行道上發現一個裝滿鈔票的皮夾，你身邊的人將會怎麼辦呢？各式各樣的回答，令人大吃一驚。

「那要先看皮夾裡有多少錢。」

「我會把它保存起來，如果沒人認領，我就把那些錢花光。」

「我會把錢留下來，把皮夾寄回給失主。」

在人行道上發現一個裝滿鈔票的皮夾，根據皮夾裡面的身分證件與失主聯絡，然後原封不動地把皮夾和現金送回。除了一聲「謝謝你」外，不應接受任何酬勞。我覺得這是做人最起碼的道德，如果你周圍有人連這種道德感都沒有，你為什麼還要和他交朋友？如果丟掉皮夾的是我們，不正是希望拾到的人這樣做嗎？

◇從小事做起，將守信用、講信義培養成一個習慣：很多人都沒有注意到，越是細小的事情，越容易給人留下深刻的印象。

比如，向別人借錢後，到了約定日子仍無法還錢，他隨口說過幾天再還吧。如果稍有判斷力，我們就一定可以看出他是一個怎樣的人，是否值得信任。另外不少年輕人平日為人誠實可靠，但他們有一個毛病，那就是對任何事情都太馬虎，這樣就容易在不知不覺中使自己的信用喪失，例如，他們明明在銀行裡存款已經不多，卻還是開出了一張超額的支票，結果害得收款的人到銀行碰壁。如果這樣做生意，那麼他的一切信用最終將會破產。守不守信用，講不講信義，是一個人具不具備良好人品的表現，而它的形成不是輕而易舉的，而是在生活實踐中慢慢形成的。百尺之臺，始於壘土。為此，一定要注意從小事做起，從一點一滴做起。當人從小形成一種只要撒謊騙人就會在內心感到恥辱、不安、難為情時，他就會成為一個守信用、講信義的人。

我們現在這個時代是一個非常講究信用的時代，沒有信用的人是不會得到別人的欣賞，不會得到與別人的合作機會，不會得到銀行的貸款，不會有人願意和他做朋友。所以，遇到言而無信的人，我們要和他保持一段距離。

調整你的期望

所謂「期望值」是指人們希望自己所想或所做的事情達到成功的一種比值。人們在和朋友的相處中，都希望自己所想或所做的事情能夠成功，但客觀事實又往往不遂人願。尤其是辦事前寄予成功的「期望值」越大，而一旦事情沒有成功或辦糟之後，其失落感就越強，心理上越得不到平衡，由此內心的悲傷、痛苦愈強烈。如此狀態，勢必影響工作，妨礙身心健康，貽害無窮。

更何況，假如你遇上了一個「吹牛大王」，那你可能就會更慘了。本來他的承諾可以幫助你解決一個困擾你很久的難題，但到最後他就是沒有幫你辦成，弄得比以前更加沮喪。或者是他答應幫忙辦的事情本來是件很容易的事，結果就差他的「臨門一腳」，弄得你功敗垂成。

因此，人們在交友過程中，最好要調整好自己的「期望值」，把它調節在最恰當的位置。若能如此，你就可以免受其難了。那麼，如何調整好自己的「期望值」呢？

①對自己和對方有個正確的評價：古人云：「知己知彼，百戰不殆。」你對自己都沒有一個正確的、客觀的認識，盲目地瞎撞，就不可能獲得成功。另外一方面，你應該就對方有一個全面、真實地瞭解，假如你早知道對方是個「吹牛大王」，常常是空許諾言，那就不要再期盼著他能幫你做什麼了。

②對自己所想或所做的事以及與之相關的方方面面也需有個全面、客觀的分析：

有些事情也許你就不能全怪「吹牛大王」的空許諾言，因為你要求做的事情實在是太難了。比如和好友一起吃飯，酒到酣處，你非要找到賓拉登，另一個朋友也喝多了，說要全力協助你。像這種事情就別指望對方能兌現諾言了。笑話歸笑話，可是有些事情別人許諾卻辦不到，除了對方有「吹牛大王」的習慣之外，事情的難度太大恐怕也會造成對方的食言。

③事前要有成功與不成功的兩種思想準備：無論是結交他人，還是辦事情，都將有成功與不成功的兩種可能性結局。對事情只想到成功，而不想到失敗是不客觀、不現實的態度。幹練成熟的人，做任何事之前都有充足準備。他們交友辦事常常胸有成竹，不會因為事情順利而沾沾自喜、忘乎所以；也不會因為事情受挫而悲觀失望、滿腹牢騷。比如作為一個冷靜成熟的談判者，就應該有兩種準備，不要把成功的「期望值」定得太高或太低。太高，你就會麻痺大意，談判前需要準備的材料和應商定的對策，你就不會去認真準備，結果「大意失荊州」，被對方弄得措手不及而陷入被動；太低，你就可能喪失信心，或怯場，或精神萎靡不振，而丟了自己的優勢，讓對方牽著鼻子走。

④事先不妨將不利因素估計得嚴重一點：俗話說：「先難後易」，是說任何事寧可在事前將不利因素估計得充分一點，也不要等到事情來臨時，弄得手忙腳

亂。因為事前尚有應變迴旋的餘地；事後卻「生米煮成熟飯」，要想挽救已來不及。現實生活中，人們往往對有利的因素估計過多，而對不利因素估計不足，容易造成「後悔」。這是因為人們對事情成功的「期望值」偏高，結果反過來掩蓋了人們的視線，使他們看問題片面、靜止、主觀、感情衝動而缺乏冷靜客觀地分析，於是做出錯誤或不明智的選擇。

⑤在交友處事的過程中適時地調整好「期望值」：由於對人情世故的把握程度有限，人不可能事事能掐會算。因此在實踐中學習、調整自己的行動，便是十分重要的了。也就是說，在交友處事的過程中，及時的根據此時此地和彼時彼地情況的變化，來審視和調節自己的「期望值」，適時地採取相應變通措施，才可以避免或減少失敗。事變我變，人變我變，不把希望寄託在某一個人身上，成功的可能性變小，就後退一步，或改弦易轍；成功的可能性變大了，就全力以赴，奮勇拚搏。

讓「奧客」付帳

一家電腦銷售公司的業務員阿寶，有一個讓他十分頭疼的客戶。這個客戶喜歡拖帳，而且往往一拖就是好幾個月。因為這個客戶，阿寶不知道被老闆數落了多少次。阿寶不是不積極地去催帳，只是如果打電話，客戶的祕書聽出是阿寶的聲音，馬上就說：「老闆不在。」

若是來個出其不意，跑到客戶的公司，開門的職員看到是他，一定會中氣十足地扯著喉嚨喊：「阿寶啊！我們老闆今天不在喔！」

阿寶背地裡叫這個客戶為「奧客」，因為和他做生意很痛苦，但是業績不錯，放棄他又覺得可惜。

這一天阿寶開完財務會議出來又被罵了一頓，因為有一筆金額不小的帳款又被「奧客」拖了好幾個月。心情不好的阿寶，連晚上和女朋友約會時也有些心不在焉。

阿寶那十分聰慧的女友看著阿寶愁眉不展的模樣，真覺得有些心疼。忽然女友放下了筷子，兩道眉彎成了下弦月，對阿寶說：「喂，我有個主意。」

第二天早上，阿寶急匆匆地來到客戶的公司。照例，一個職員扯開了喉嚨喊：「很抱歉！我們老闆不在，請你回去，等明天老闆回來再打電話給你。」

阿寶只好點了頭向門口走。忽然像是想起了一件事，由公文袋內掏出來一封信交給這個職員：「你們老闆回來之後，麻煩你轉交此信給他。」說完就匆匆離去。過了十幾分鐘，又看到阿寶急急忙忙地走回來，對「奧客」的職員說：「很對不起，剛才的信給錯了，請你還給我，這封信才是給你們老闆的。」

職員走進去拿了那封信出來交給阿寶。只見阿寶看了一眼已經被拆開的信說：「噢！真是太好了，你們老闆回來了，請帶我去見他。」就這樣，阿寶見到了「奧客」，拿到了貨款。他一邊向「奧客」道謝，一邊打開皮包拉鏈將貨款塞進去。

那些不願意履行自己承諾的人的確是讓人頭疼，最好是離他們越遠越好，但是如果你不幸像阿寶一樣，必須和這種人打交道，那你就需要多動動腦子了。其實，這些人並非難以對付，只要你用心去做，總會得到你想要的結果的。

第7種人 完美的偽裝

這種人喜怒不形於色，永遠都不知道他在想什麼，也永遠都不知道他要做些什麼。他們偽善的外表下，常常藏著一顆骯髒無比的心。

暗箭難防

現代社會充滿競爭，有的人不一定是非跟你過不去，但卻有意無意地排擠你，你努力工作被認為是表現欲強，你對別人的關心被認為是虛情假意，同時還在周圍的人散布一些小道消息來攻擊你。在這種「暗算」之下，你的心理情緒自然會受到影響，怎麼應對就成了當務之急，特別是當它來自你最親近的朋友。

阿霞是露露大學的校友，比露露早兩年進公司，因為部門裡就她們兩個年輕人，又是校友，她一直很照顧露露。平常有專案她經常帶露露一起做，讓露露累積經驗並教了她許多應付各種難題的技巧。僅僅三年，露露就做到了經理特助的職位，成了部門裡升遷最快的新人。就在露露慶幸自己運氣好，遇到這樣一個肯提攜新人的學姐時，露露卻收到了阿霞送的意外之「禮」。

那次露露和阿霞負責共同籌辦一個美國客戶的產品發表會。因為事前對客戶提供的新產品資料做了詳盡的瞭解，露露提出的方案得到美方客戶的讚賞並被採納。露露雖然隱隱感覺到阿霞的尷尬與不悅，仍安慰自己：「學姐是個好人，她應該能夠理解。」

當晚，就發表會的細節問題她們又和客戶談了很久。因時間緊迫，客戶要求露露連夜隨他們去酒店布置會場。當聽到自己不在布置會場的工作人員之列，阿霞的臉色當場就變了。不過到底是多年的「好姐妹」，在發現露露手機沒電，四處找電話想通知男友時，她又恢復了當初大姐的姿態，主動說：「快去吧！你男朋友那裡，我幫你通知。」甚至在露露臨走前，她還滿臉微笑、關心體貼地讓露露多加件衣服出去。天真的露露著實為有這樣一個情深意重的「好姐姐」感動了一番，直到看見男朋友漲紅著臉、氣急敗壞地衝進酒店將露露大罵一通時，露露才明白那笑容背後的涵義。

原來在露露走後，阿霞打電話到她家，緊張兮兮地問：「露露在嗎？我們都很擔心她啊！聽同事說她晚上跟個美國客戶進了酒店，怎麼直到現在她還沒回來呀？」於是乎，就出現了先前上演的那齣「鬧劇」。而那則露露跟客戶去酒店徹夜不歸，引得男友與客戶爭風吃醋，兩人於酒店大打出手的謠言在辦公室盛傳一個多月後才漸漸平息。雖然事後大家明白了事情的真相，但這個故事還是被當作花邊新聞成為同事們無聊時的話題。

盡可能善待所有的朋友，但不要跟任何人過分親暱，保持距離，不要輕信他人。因為最親近的人給予的傷害才是最深，也是最難防的。

電視節目的垮臺

留美碩士大峰回國後就到電視臺工作，大峰不僅長得儀表堂堂，而且強聞博識，能言善辯，臺裡所有人都看好這位明日之星，就連大牌製作主持人古先生也直誇大峰前途無量。

有前輩誇獎，大峰工作起來更是賣力，不分晝夜地泡在電視臺裡做工作。閒時也想：如果古先生能提他一把，那就太棒了，大峰自信不會太令前輩失望。

機會終於來了，近來出差頻繁的古先生給大峰打來電話，約他面談。大峰做夢也沒想到古先生能把自己的成名之作交給大峰主持。乍聽之下，大峰高興得難以置信，半晌無語。古先生的成名節目，是自己的製作班底，加上自己主持。起初大家以為他一定弄不成，沒想到一炮而紅，愈紅愈有大人物願意上，收視率也愈高，使古先生不僅在電視界，連在政治界、學術界，也成了大人物。靠著關係做生意，愈作愈大。

古先生走近大峰說：「我的事情多，常在世界各地跑，偏偏節目每個禮拜都得錄影。」古先生兩隻熱手握著大峰冰涼的手，很誠懇地說，「想來想去，只有你這位青年才俊，夠格來接，你考慮考慮。」

「哪裡還需要考慮？」大峰高聲叫著，對電話那頭的老婆喊，「我當場就答應了。」

大峰立刻接手主持這個大紅的節目，真像是一聲雷，震動了電視界，更震動了觀眾。大家議論紛紛：「大峰這麼嫩，怎能接古先生的東西？」

「老古把自己打下來的江山，交給大峰，太冒險了吧！」

「不是大峰這樣的曠世才子，又有誰接得了？放眼今天，能主持，又有學校背景的，能有幾人？」

節目播出了，大峰果然主持得可圈可點。雖然有些看慣古先生的人，一時不能習慣，經過一段時間後，也就適應了。問題是，隔了好長時間，節目不但收視率沒提高，反而下降了。大峰四處請求，廣告商就是不回應。

「老弟！這可是我的『老招牌』，你要加油啊！」古先生常鼓勵大峰。只是，說歸說，連古先生的製作班底，也愈來愈沒幹勁，而且聽說都去搞另一個新節目了。

節目在古先生打響招牌十年之後，終於因為收視率太差，廣告又太少，而宣告結束。大峰傷心極了，覺得愧對古先生重託。

「沒關係！沒關係！」古先生拍著大峰，「連你這樣的人才，都做不下去，也就沒話說了。不怪你，不怪你！」

隔不久，傳出古先生要再度出馬，開闢一個比原先更精彩的節目，而且親自主持。之前退出的廣告，一下子全回來了。

古先生的班底，居然在短短兩個星期當中，已經製作了好幾集，還存了許多精彩的企畫，這個新節目一炮而紅。還是古先生的魅力驚人。只是年輕才子大峰砸了之前那麼有名的節目，成為收視率毒藥，大峰短時間很難再爬起來了。

看完這個故事，你有什麼感想？

古先生是很不簡單，居然把他的成名節目，交給大峰。大峰也硬是在眾目睽睽之下，把節目作垮了。只是很奇怪，古先生的老招牌砸了，似乎沒傷害到古先生，反而證明古先生的魅力，使他更紅了。再想想，之前那個做了十年的節目，似乎也真是太老，該換新東西了。說到這裡，相信你已經找到了答案。

古先生的成名作、老招牌，怎麼能在他自己的手裡毀掉，那是多讓人尷尬的失敗啊！可是節目又該更新了，怎麼辦？於是計謀產生了。

把這個已經沒救的位子讓給大峰吧！他做成功了，那是我古先生的節目，在我鋪路下，做成功的。做失敗了，只怪他能力不足。這麼老的招牌，居然到他手上就垮了。可見還是我古先生行，還是換我來吧！

年輕人，記住！這世界上處處有古先生，看來把最好的東西交給你，令你感激涕零。但是，你也要想想，憑什麼他要給你？你是真的年輕幹練，足當重任嗎？亦或你只是個替死鬼？

不要忘了，尤其在你最得意的時候，切記：「天下沒有白吃的午餐！」年輕人初涉社會職場，須步步小心，凡事斟酌再三；趨利避害，以免陷入他人預設的陷阱中。

小鬼難纏

世上有些人有種怪脾氣：欺軟怕硬。比如在一個部門或公司裡，主管太強硬了，有些下屬便畏首畏尾，低聲下氣，說主管是一言堂，家長制；而主管太軟弱了，他們又有令不行，有禁不止，甚至還有爭權奪位的動機，對於這類人，人們習慣上稱之「小人」。

一般來說，小人都是一些品格低下，手段卑劣之輩。他們辦事向來不擇手段，只為達到目的。他們不惜小題大做，添油加醋或者憑空捏造事實，以便對正人君子進行陷害。如南宋秦檜，便是以「莫須有」的罪名置岳飛於死地。他們不需要什麼證據，更不需要讓人欽服，用他們的話說，只要他們心目中的「最高領導者」認可，他們便可任意發揮。所以自古以來，人們總結出這樣一句話，「寧願得罪君子，不要得罪小人」，原因便在於此。

《竇娥冤》裡的陶兀便是典型的小人。初時，他與竇天章結為朋友，彼此不分，後來只因為自己沒有竇天章的官大，再加上竇天章沒有告訴他竇娥是個女扮男裝的女孩，因此產生嫉妒之心，於是在明知竇娥被冤的前提下，泯滅良心，屈打成招，造成千古奇冤。

其實這樣做實在是得不償失，用現在的話說叫做損人不利己。但小人的願望是無須利己，只要損人便心滿意足了。

還有一種小人，並不像陶兀那樣不管利不利己，都要損人。當然，有些時候這是因為君子的孤傲清高造成的。如唐朝的李白，一生不得志的主要原因，可能就是因為讓高力士脫靴的關係，實在可惜得很。

唐時，楊貴妃是有名的風流天子唐玄宗李隆基的心肝寶貝。楊貴妃有羞花閉月之貌，沉魚落雁之容，深得皇帝的寵愛。一個女人，特別是帝王寵愛的女人，總希望別人能讚美她，楊玉環也不例外。加之李隆基又是位風流天子，雅擅音樂，宮廷中有第一流的樂隊，也有許多詞臣不斷地撰寫歌詞。在眾多的詞臣中，翰林學士李白是最為傑出的一位。在一次宮廷酒宴中，李白曾於酒酣耳熱之際，作《清平調》三首，歌頌楊玉環的美貌。據說他在作這三首詩時醉態可掬，要楊國忠親自為他磨墨，還命皇帝寵信的太監高力士為他脫靴。太監的地位是卑賤的，但得寵的太監就不同了。李白要高力士當眾為他脫靴，高力士自然深以為恥，從此便種下了禍根。

李白的三首《清平調》寫得很美：「雲想衣裳花想容，春風拂檻露花濃。若非群玉山頭見，會向瑤臺月下逢。」「一枝紅豔露凝霜，雲雨巫山枉斷腸。借問漢宮誰得似，可憐飛燕倚新妝。」「名花傾國兩相歡，長得君王帶笑看。解釋春風無限恨，沉香亭北倚欄杆。」

李白在詩中把楊玉環寫得玉容花貌，像仙女一樣。楊玉環十分得意，常常獨自吟誦這清詞麗句。但是，李白在詩中提到了趙飛燕。這在李白，絕不存在絲毫諷刺的意思，他只是就趙飛燕的美麗與得寵與楊玉環相比較。比喻之物與被比喻之物往往只有某些特徵上的相似，而不可能是全部特徵的相合。這使懷恨在心的高力士看到了報復的契機。但他採取忍耐之策，不急不躁，默默地等待機會。

機會終於來了。一天，高力士又聽到楊玉環在吟誦《清平調》，便以開玩笑的口吻問道：「我本來以為您會因這幾首詩而把李白恨入骨髓，沒想到您竟喜歡到如此地步！」楊貴妃聽後吃了一驚，不解地問道：「難道李翰林侮辱了我嗎？我為什麼會恨他呢？」於是，高力士施展了移花接木的手段：「難道您沒注意？他把您比作趙飛燕。趙飛燕是什麼樣的女人，怎麼能同娘娘您相提並論。他豈不是把貴妃您看得同趙飛燕一樣淫賤嗎？」

聰明的女人在遇到切身利害問題時，也會變得很笨，楊玉環果然立即上鉤。在當時，楊玉環已是「後宮佳麗三千人，三千寵愛在一身」，她的哥哥、姐妹也都位居顯要，聲勢顯赫。她唯一擔心的便是自己的地位是否穩固。她絕不希望被人看作像趙飛燕那樣淫賤，更害怕也落到她那樣的下場。機警的高力士摸透了楊玉環的心思，因此也就在她最軟弱處下了刀子。他輕而易舉地便把李白的詩同趙飛燕的下場接起來，一下子使讚美的詩篇成了譏嘲的證據，激起了楊玉環的反感與憎恨之情。後來，唐玄宗曾三次想提拔李白，但都被楊玉環作梗阻止了。高力士靠此手段，達到了報復脱靴之辱的目的。一次暗地裡的陰謀，葬送了被稱作「謫仙人」的詩人的前程。

可以說，李白豪放不羈的個性和過於清高的辦事方法，使他最終未能在政壇上嶄露頭角。在他看來，像高力士這樣的小人根本不配與自己為伍，正邪勢不兩立，正人君子自然嫉惡如仇。正是因為這樣的想法，李白巧借醉酒之機公然在大庭廣眾之下，侮辱了高力士，沒給他留絲毫的面子，這樣雖可洩一時之憤，但他卻沒想到由此而產生的嚴重後果，得罪了一個「偽君子」而斷送了自己的一世前程。好好地衡量一下，這樣做值得嗎？應該說，兩人相鬥，笑到最後的還是高力士。

所以，作為現代的智者，最好的保身之策是不能忘記這些「偽君子」，而在這些「偽君子」中，要特別注意的還是當權者或實力人物的親信，這類人並不那麼好接近，而且對他們奉承，他們還會生氣。但要想在這一組織中生存下去，就應當與他們維持正常關係，絕不能因為討厭這些人，就避開他們或反對他們。因為這類人常常是「成事不足，敗事有餘」，他們在當權者那裡放冷箭打暗槍，你的所有勤奮就付諸於流水。因而，人們常說閻王好見，小鬼難搪。

其實，真正想要成就一番事業，最好的辦法是閻王小鬼兩不欺。有這樣一個人，分到了一個比自己能力稍差的主管手下，他自恃自己文憑、能力都高，所以時時處處都顯示出對主管不屑一顧的神情。結果，久而久之，因一個小小的錯誤，被主管抓到了把柄，弄得一敗塗地，再也沒有爬起來。

還有一位，也遇到了一個能力較差的主管，他的做法更加令人叫絕，他不但看不起主管，而且將主管的表現反應給主管的上級部門，上級部門派人調查後，將其革職了。然而事與願違，時隔不久，新來的主管到任後，便毫不猶豫的將他給炒了。而且從此以後，他也成為同事眼中的魔鬼，朋友們也漸漸和他疏遠了。

誠然，弱者或能力差的人不應該當主管，但現實證明，這些能力差的人也未必當不上。為什麼？你別以為某些人能力差，不具備主管的素質，但在某些主管的眼中，他們卻是非常難得的人才。而且，也正是因為他們表現得懦弱，對主管構不成威脅，所以才得以官運亨通。相反，像上述兩例，一個是犯了小二管大王的越級錯誤；一個是自恃才高，目空一切，又鋒芒外露。俗話說，打馬騾子驚，誰還願意提拔一個對自己構成威脅的下屬呢？

另外，即便有些主管已經大權旁落，是個傀儡了，你也不應該輕舉妄動。一方面輿論同情弱者，另一方面，看一個公司的重心並不是名分，而是權力。權力所在才是重心所在。更何況有些懦弱者之所以能當主管，勢必要倚重他身邊「軍師」型的人物。就像秦代趙高與秦王一樣，儘管這時的主管形同虛設，但這些「師爺」級的人物，卻早已羽翼豐滿，大權在握。一旦有對他們的「權力暗箱」膽敢窺視者，他們會毫不猶豫地將你消滅掉，因為，他們絕不會與你分享這種特權。

勿對「偽君子」主管委屈求全

工作中的「偽君子」主管是阻礙成功的暗礁，如果不能事先發現這些暗礁並及時避開他們，那麼你的事業之舟很可能會觸礁，輕則拋錨、擱淺，重則被撞翻、船沉。

阿耀的主管其貌不揚，當他開始帶阿耀的部門時，阿耀極為天真的將這位主管視為良師益友。半個月後的一天中午，幾位朋友請阿耀吃飯，席間話題扯向了阿耀的這位主管，有位平日裡極溫和端良的女同事第一個本能反應是對此人極為厭惡，甚至是噁心，另外幾位多少與他打過交道的也都現出鄙視的表情。沒想到第二天，這位主管獨自把阿耀叫到辦公室，面帶「慈祥」微笑地向阿耀探聽昨天中午他們的談話，說是他有一個朋友恰好坐在我們旁邊的桌子，全都聽見了。阿耀覺得好笑，既然都知道了還問什麼？還好當時阿耀沒說什麼，而且別人說的他也沒放在心上，所以阿耀說：「記不清楚了。」接下來為這事他兩天內找阿耀單獨談了十次，阿耀都是這句話，他的臉色一次比一次難看。阿耀也不大耐煩了，人不做虧心事，不怕半夜鬼敲門，何況不過是從前同事的幾句閒話。

阿耀的主管當過這個公司另一個部門的負責人，因此前同事們比阿耀更瞭解他：「薪水比大家多兩倍，但一起出去辦事打的從沒掏過一毛錢，跟女孩子在一起時也一樣，可是又不知從哪兒弄來那麼多發票找老闆報銷。」「叫下屬一起去餐廳吃飯，說好各付各的，但總會出現一些小插曲，最後不出自己的那份飯錢。」「整天『國粹』不離口，尤其在漂亮女下屬面前。」……很快，他的這些「特點」在下屬面前發揮得淋漓盡致。不久後的一天阿耀高燒四十度，好容易完成當天的工作，他又臨時給阿耀加了其他事情，阿耀咬牙堅持做完已經是晚上九點多了，誰知跌跌撞撞剛到家門口，手機響了：「速回公司，有新任務。」天哪！阿耀差點暈過去，要知道阿耀家離公司車程兩個半小時，而阿耀現在還沒吃晚飯。阿耀在電話裡幾乎是乞求了：「老大，我現在在發燒，您看可不可以明天……」他的回答是：「你最好快點！」阿耀只好暈乎乎空著肚子再趕回去，一直忙到凌晨兩點多。

阿耀不明白他何以對自己如此苛刻，阿耀決定主動找他溝通一下，地點定在一家五星級飯店。他倒是很高興地來了，大約是以為阿耀終於肯投降了。他慷慨地點了六人份的菜，然而最讓阿耀惱火的是他居然還為自己點了一瓶價格不菲的洋酒：當然，是阿耀付帳。阿耀萬分後悔沒有站起來當場走掉。

直到那時阿耀仍然善意地委曲求全，然而他變本加厲。他害怕阿耀知道他過去的一些所作所為，又擔心業務能力較強的阿耀危及他的地位。他之所以膽敢如此囂張，當然與他極盡能事的馬屁功夫密不可分。有一回他喝多透露，當年就是因為沒跟公司的主管搞好關係又人緣太差才被趕出來，如今他可是吃一次虧長一智了。不久阿耀就離開了這家公司，因為實在受不了那位主管的折磨。

對於「偽君子」絕不能委曲求全，否則他會變本加厲地欺負你，正所謂「人善被人欺，馬善被人騎」。

別讓挑撥者得逞

在社會生活中，有許多人常常被那些愛挑撥離間的「偽君子」所困擾，這種愛挑撥離間的「偽君子」往往是無中生有地挑起一些是非，以離間他人關係為目的。他們深知「鷸蚌相爭，漁翁得利」的道理，用種種卑鄙的方法挑撥，挑起別人之間的矛盾。等到雙方相互爭鬥時，他們便從中獲利。

挑撥離間的「偽君子」一旦與你在同一個辦公室共處，那你一定要多加小心。這樣的人如果有什麼陰謀產生，給公司帶來的殺傷力非常之大且迅速，只要一不注意或處理不當，便有可能使公司內部煙硝四起。應付這樣的人，沒有什麼好的辦法，只能防微杜漸，不讓這類人進來，或一經發現就予以堅決制止、迅速消除。否則，後果將不堪設想。

挑撥離間的「偽君子」危害甚大，與這類人共處稍有不慎就可能被捲入是非之中，而且難以全身而退，因此在與人相處時，我們一定要擦亮自己的眼睛，認清挑撥離間者的真面目。挑撥離間的行為通常是伴隨著利益衝突而開始的，離間者往往是被離間者發生矛盾後的直接或間接受益者。

「他們不讓我知道這個項目就決定了簡直是太看不起人了。他們也太小看我的工作經驗，再說我還提供了那麼多的好建議，根本是忘恩負義。」「不過，經我這麼一挑撥，我就不信他們還會彼此信任。最可笑的是，到現在小黃還覺得欠我一份人情呢！一旦他倆吵翻了，我就可以趁機找老闆讓我負責這個項目。等著瞧吧！」小張、小黃和小李同是某公司的職員，小張因為公司把年度企畫案分配給小黃和小李而十分不滿，所以，他在小黃面前挑唆小黃和小李的關係，使小黃和小李不能同心合作，在小黃和小李吵翻後，小張終於拿到他一心想拿到的項目，達到自己的目的。

讀完這個經常發生的故事，我們不由得會想，如果身邊有這樣的同事該有多麼可怕，一旦成為這些同事離間的目標那豈不悲慘至極了嗎？其實只要事前認清那些人的面目，我們完全可以從容應付這些愛挑撥離間的「偽君子」們。

欺上瞞下的人

在現實生活中，既有誠實的主管，也有虛偽的主管；既有大公無私的主管，也有自私自利的主管。作為下屬既要看到值得尊敬的主管，又要警惕各種危險的「偽君子」主管，欺上瞞下的主管便是「偽君子」主管的一種。他們從來都是和顏悅色，從不威脅別人；他們善於玩弄手段，隱藏事情真相，絕不會對你、對任何人講真話。他囑咐你做事，卻不會把要你做此事的真正原因告訴你。他並不是在幫助你，而是在利用你擺脫那些他自己惹出的麻煩。

有的主管為了達到自己的目的，不惜採用一些卑鄙的手段刺探下屬的消息，然後在上級那裡做一些欺騙的彙報，作為下屬一定要看清其中的花樣，以免上當受騙。

某位主管向大仁說：「我最信任你，我想從你們幾位下屬中安排一個人來做一件工作，所以要瞭解你們幾位的人品和能力。我知道你很為難，但沒有關係，在不妨礙你的前提下，請你提供一些情況，我一定替你保密。」看到主管這麼誠懇，大仁就把各位下屬的優缺點客觀地向主管做了報告。

沒想到主管卻把大仁的意見加油添醋後對阿布說：「你對大仁要小心，雖然你們是同事，但他說你……。你千萬不能大意了。」以為受到主管的特殊關照，阿布也把各位同事的優缺點向其一一陳述。

像這樣的「偽君子」主管，總會利用各種各樣的下屬，假裝跟你很親密，以表示自己對下屬的信任，而有些下屬自以為碰上了好主管而心懷感激，因此拼命收集情報向上級報告。沒想到主管竟用這種方法來誘騙下屬互揭隱私，造成下屬之間的各種矛盾，從而更有利於主管對下屬的控制。

和這樣的「偽君子」主管相處時要明白，他的許多做法都是不道德、不合理的，採用的手段也是卑劣的。他讓你做什麼，你要巧於應對，先思而後行。

假如他要你做的事，你沒有做，你就要設法躲避，但又不能觸怒他，以防他報復你。即使他言而無信、出爾反爾，你也要始終保持冷靜，處理相關的事要敏捷、察言觀色。如果他搞陰謀詭計引起麻煩，那是他的問題，沒有你的事。你要化被動為主動，讓其陰謀不能得逞。如果事情的可能後果不算什麼，也可以聽之任之；但當它的危害性可能較大時，便絕不可視之為兒戲。應當從這幾個因素出發，綜合地考慮其中的利害與得失，便能夠較為明確地採取相應的方法加以防範。若此事關係公司的利益，甚至對社會都有危害，你就要挺身而出訴諸法律。

朋友變敵人

透過朋友介紹，阿明進了朋友所在的一家日用品公司做業務，不僅找到了工作，而且有朋友陳磊照顧，阿明真覺得自己的運氣好！在接下來的日子裡，阿明盡心盡責，經理也總表揚阿明對工作認真負責，辦事能力強。就在這時，公司決定在元旦長假期間辦個大規模促銷活動，阿明被分在了一級戰區，這說明主管對阿明的信任。

阿明很高興地跑到陳磊面前，和他分享自己的快樂，誰知陳磊狠狠地瞪了阿明一眼，冷冷地說道：「你夠有本事的呀，剛來沒幾天就把我的位置給占了，我引狼入室，真是瞎了眼。」說完就氣呼呼地離開了辦公室。阿明呆呆地站在那裡，不明白自己究竟做錯了什麼。這時，旁邊的一位同事走到阿明身邊，說道：「一級戰區以前一直是他負責的，你一來他就被調到其他區域了，所以他才會這樣，你別介意，好好做就行了。」阿明笑著點了點頭，心裡卻有種說不出的滋味。

回到家，阿明想了很久，終於決定第二天一早去找經理，要求與陳磊對調所負責的區域。但到了第二天一切又都變化了，經理把他調到了物流部，負責所有貨物的安排和調撥，這個位置顯然更好，阿明就沒再說什麼。緊接著，他們就開始了緊張的前期協調工作。阿明每天早上到公司簽到，然後就一整天跑商場，跑超市，協商促銷事宜。而陳磊也臨時被調到了其他辦公室，他們幾乎沒有見面的機會。阿明沒把那件事放在心上，心想，等這階段工作忙完了，再找他好好談一談也不遲。於是便全身心地投入到工作中。

經過努力，阿明負責的幾家店，都同意重新備貨，進行店內促銷。但有一家賣場只同意做短期的促銷，過後不再留任何存貨。所以他們要把貨拉過去，未賣出的貨物還要全部拉回來。但為了拓展公司產品的銷路，占據更大的市場，只得將就了。

到了最後一天，阿明與物流組約好，等那家商場晚上九點半清空客人後，他們便開始進貨。誰知等到九點四十分依然沒見到公司的車來，阿明趕緊打電話給公司，才得知今天負責進貨的人臨時改成了陳磊。阿明又急忙打給陳磊，起初一直是沒人接，直到阿明打了十來遍，才聽到了他不急不徐的聲音：「車臨時出了些故障，估計十點半才能到。」說完便掛了。起初阿明還有些生氣，但一聽到他的說法也就只好等了。阿明連忙去找商場負責人，說了一肚子的好話，才勉強可以延長至十一點半，這樣精打細算，也只能剛好把貨物布置完畢。

十一點，貨終於運到。阿明二話沒說，就幫忙去搬貨，盡量爭取時間。直到把所有的貨物都搬到展場。布置好，一看表，已是晚上十一點二十五分，商場負責人示意讓他們趕快離開，但阿明還沒有來得及核對數量，這時陳磊笑著向阿明走來，說：「快，簽個字，別耽誤別人休息。」

阿明猶豫地說道：「可是我還沒有核數啊。」

他笑著說：「不至於吧，連我都不信任，如果你不相信我的話，我可以明天一早陪你來點，沒關係。」

阿明趕緊說：「我不是不相信你，只是覺得應該遵守工作流程。」阿明邊說邊在接貨單上簽上了自己的名字。

回去的路上，阿明向他解釋分配區域時的誤會，陳磊竟主動向阿明道歉，說當時一時脾氣不太好，希望阿明別生氣。阿明笑了：「我們是哥兒們嘛，別這麼客氣。」這時，阿明心裡好似有一塊石頭落了地。

元旦假期過後，休了兩天假，回來後經理就把阿明叫去了，把進貨量與退貨量的單子以及商場銷量表都拋向了阿明，說：「你負責的那家商場丟了五千多元的貨，你怎麼解釋？」阿明一聽傻眼，拿起來一算果真丟了五千八百元的貨。怎麼可能會差這麼多？阿明一下子像意識到了什麼，向經理說了一句，我要去查查，便快步走出了經理辦公室。阿明找到了陳磊，把他叫到外面。陳磊聽完阿明的質問笑著說：「我怎麼會知道，貨是你點的，字是你簽的。」這時，阿明已經意識到發生了什麼事情。阿明火冒三丈，向他嚷道：「我要將此事告訴經理。」

「你告到哪裡我也不怕，白紙黑字是你簽的。」說完，陳磊便轉頭回了辦公室。阿明思考了很久，沒有真憑實據，只得認賠，總不能被人當賊吧。阿明將此想法告訴了經理，經理說要考慮一下。幾天後他告訴阿明，他瞭解到一些情況，不用阿明賠了，只要阿明今後好好工作作為補償。之就沒有在公司看過陳磊，兩個人也沒有了聯繫。

與陳磊這種「偽君子」的友誼要保持一定的距離。即便與最好的朋友共事，都要遵守工作原則和流程。

謹防套話

朋友小陳辭職了，只說做得不順心，我很納悶，小陳進入那家公司才半年多，而且他舅舅是那個部門的經理，怎麼會讓小陳受委屈？仔細詢問之後，才明白事情的原委。

小陳大學畢業後，進入舅舅所在的公司，分配在業務部，新人加入，業務部晚上設宴歡迎，酒過三巡之後，大家都有三分醉意，部門趙經理脫去外衣說：「在我們這圈子，有個著名的王老虎。」趙經理把眼睛瞪得像老虎似的，將一桌人掃視了一圈。

小陳一驚，趙經理說的正是自己的舅舅，心想：「趙經理大概不知道，我就是鼎鼎大名的王老虎的外甥。」也就裝作不認識，聽聽趙經理下面要說什麼。「你們都不知道王老虎吧？因為你們是新人。等混一陣子就知道了。」趙經理一仰頭，乾了杯，眉頭一揚，眼睛又一瞪，用食指往桌子上狠狠敲了一下：「他媽的！王老虎哪裡是什麼老虎，根本是王老鼠，他是空有其名、欺軟怕硬，年輕的時候，專門給上面提皮包，提出來的！」指指天花板，乾笑了幾聲，「只怕還擦過屁股呢！來來來，大家乾杯！」一桌全笑了，紛紛舉杯，只有小陳喝得不是滋味，要不是王老虎下指令，小陳今天也不可能坐在這兒，當然這件事只有董事長知道。

董事長跟小陳的舅舅是小學同班同學，以前一起搗蛋，一起罰跪，現在則一起做生意。據說許多商場的小道消息，都是「王老虎」提供的，他們還打算把兩家公司合併呢！果然，吃完飯沒多久，就傳出現任總經理請辭，由王老虎接任。

「這下好了！」小陳暗自興奮，「看你趙經理，還敢不敢罵王老虎？你要是再罵，我就去告訴我舅舅。」那趙經理想必也聽說了小陳的「關係」，最近看小陳的臉色都不一樣了。不過，倒非諂媚的眼神，而是一種冷冷的、恨恨的態度。

所幸王老虎很快就上任了，而且到任沒多久，就把小陳叫了上去。小陳接到總經理祕書的電話，真是得意萬分，故意大聲說：「是的！請告訴總經理，我馬上到。」當他走出辦公室的時候，可以感覺一屋子的同事，都在向他行注目禮。當然，還有趙經理，他一定緊張死了。

「坐！」王老虎就是王老虎。就算親人，也自有那份威嚴，「你來半年多了，做得怎麼樣？好好學，不要搞小圈子。」

「搞小圈子？」小陳一愣。

「聽說你跟趙經理處得不太好，他是行家，在這圈子十多年了，辦事又認真。我接管後，好幾件事都是他搶著辦的，又快、又好。他說你靠著我的關係，對他不太客氣，這我聽了很不高興。」王老虎面色凝重繼續說，「這件事用不著我跟你媽說了，你自己好自為之。以後趙經理說什麼是什麼，不准唱反調！」

小陳被罵得一頭狗血，走出總經理辦公室，正碰上趙經理抱著一疊卷宗走進來。

「小陳哪，」趙經理故作親切，「下次我要是說錯話，你千萬要原諒，而且早早指點，我會感激不盡的！」

看完這個故事，你可能會覺得很奇怪，為什麼「說錯話」的趙經理成了贏家。而那關係特殊，又有口德，沒把趙經理的話，傳給自己舅舅的小陳反而輸了。他輸在什麼地方？輸在他沒有在趙經理未開口批評王老虎之前，先表明自己是王老虎的外甥。於是，批評的人肆無忌憚地開了口，也駟馬難追地讓自己的把柄，落在小陳的手上。

當趙經理知道小陳的「關係」之後，能不緊張嗎？他能不假設小陳會去告狀嗎？當小陳告了他之後，他能不倒楣嗎？他唯一應付的方法，就是先下手為強：惡人先告狀。於是，他努力地表現，好好的巴結，再製造有意無意的機會，說小陳跟他之間的摩擦。

趙經理這樣做之後，就算小陳再去告狀，王老虎也不會聽。因為事實擺在眼前，趙經理是認真效忠的下屬，小陳說負面的話，不但不可能產生殺傷力，只怕還要引得自己舅舅反感。因為王老虎會假設，小陳在利用自己的關係。就這樣，小陳輸了！問題是，在這個社會上，我們處處看見人們演出這樣的戲。

一位妻子很可能試探地問與自己丈夫共事，卻不認識自己的人，對她丈夫的印象。從正面來看，那似乎是明察暗訪中的「暗訪」，為她丈夫做民意調查。對方如果答「好極了！」那該是多有面子的事？誰不希望知道有人在背後說自己好呢？她的丈夫日後可能對這說自己好的人，格外禮遇。只是，我們想想，如果對方說「不好」。這作妻子的要不要告訴自己丈夫？當她丈夫知道之後，是不是會加倍痛恨對方。

更要命的是，當對方知道，「她」居然是「他」的妻子時。即使作妻子的沒把事情告訴丈夫，對方也會假設如此，而心懷戒心。雙方的關係變得更疏遠了。

記住，這世界上許多人會問你對第三者的看法。他的目的，可以是調查，也可能是「套你的話」。當你發現別人來套話的時候，一個字也不能說。至於在一般閒談間，如果你發現對方要批評與你相關的人，最好的方法，就是及時把話題帶開，或暗示對方，你的「關係」。否則，對方的批評一出，如故事中的小陳，許許多多的副作用就會產生了。

總之，能不傳話，最好不要傳話；能不套話，最好不要套話。能不涉入「背後的批評」，最好不要涉入。讓自己像沙灘，多大的浪來了，也是輕撫著沙灘，一波波地退去。而不要像岩石，使小小的浪，也激起高高的水花。

不要隨便背「黑鍋」

背黑鍋這件事一旦成立，無論是自己自願、主動為朋友分憂解難，還是在朋友請求幫助下進行的，其結果只能證明一個問題，那就是這個朋友並不是一個值得尊重的人。而如果是朋友設套讓別人背了黑鍋，那他的品德更是卑劣。

小周的主管陶經理終於升為總經理了，而小周卻破產了，因為負債累累，只能東躲西藏。事實上，正是小周的負債累累換得了陶經理的高升，整個故事的來龍去脈是：

那天，小周去銀行取款，到了公司門口，下了車才發現皮包破了，錢丟了一半，天啊！整整六十萬啊！小周嚇得臉色蒼白，飛奔著跑進陶經理的辦公室詳細報告了情況，陶經理沉默了一會兒說：「就當作這件事沒有發生過吧！」

「什麼意思呢？」小周不明白他話裡的意思。

他誠懇地為小周分析：「你是非常正直又認真的人，這一點我知道。你剛才所說的，大概也不是謊話，但是，公司會怎樣想呢？」

小周默不作聲、不知所以。還是沒有明白他的意思。

「公司也許會認為，這個職員說是遺失款項，說不定是拿進自己的口袋裡。大部分人也一定會這麼認為的。」小周邊聽邊流出了冷汗。

「我是十分信任你的，我肯定不這麼認為，但是公司一定會持這種看法。你還年輕，可以說前途無量。如果被公司懷疑了，你以後的日子怎麼過呢？我是為了你的前途啊！」

小周一下被他的話震呆了，全身顫抖。

「六十萬元的確不是一筆小數目。但是，它卻換不回你的大好前途。如果我是你，就不會把這件事張揚出去，而會想辦法補足這一筆款項。」

小周思考著他的話，不知不覺中覺得他的話越來越有道理：那傢伙說錢是被人偷走的，其實全都放進自己的口袋裡了：同事的這些指指點點如在耳邊。依經理所說的，想辦法填補這六十萬元吧……

經理聽後，大加讚賞：「這才是最明智的做法。」然後又加上一句：「為了你的將來，我絕對不會對任何人說。所以，你千萬也不可以對任何人提起這。」

小周拿出了生平的積蓄，又借高利貸，才補足了丟失的金額。後來，小周明白了，陶經理把這件事隱藏起來，說是為小周著想，其實完全是為自己。丟了這麼多錢，他作為小周的主管也要負很大責任，作為工作失誤，小周當然會受到處罰，但境況總比現在好，同事也未必如他說的那樣懷疑小周。

切不可像個白癡一樣被那些「偽君子」們騙得說東是東，說西是西，要學會客觀地分析前因後果，而不是被別人牽著鼻子走。

偽君子的背後

某些「偽君子」主管會利用你涉世不深、頭腦中還有單純的道德觀念，高談不切實際的理想以掩蓋自己的私欲。社會心理學證明，人們在「為了社會」、「為了他人」等大義凜然的口號面前，對於本來不可能贊同的意見也會表示贊同，而且無法反駁。

例如，職業球員要求球隊能大幅加薪，但是在回答包圍他的記者時卻總是說：「我一點也不是只為了個人要求加薪的，只是為了提高職業足球界的年薪水準才這樣堅持……」

這裡一點也沒有責怪這位球員的意思。職業球員也想努力提高年薪，這是理所當然的事。這裡想說的是，他並沒有公開表示這種願望，他把年薪涉及的個人問題，漂亮地用全體的問題來頂替了。這也符合人們的道德標準，不是為了個人利益，而是為了大家的利益。超越了個人的利害關係，強調社會意義的口號，人們就容易上當，而且還不好反駁。因此這種伎倆常被那些「偽君子」們用來巧妙地操縱別人。

故而你千萬別被「偽君子」的這種言行所鼓舞，一定要謹慎，千萬別狂熱。一旦遇到這種的「偽君子」時，一定要小心防範、冷靜對付，否則，你就會被利用道德為武器的「偽君子」所算計。有時候，「偽君子」主管會打著為了公司和員工的利益著想的幌子詢問下屬的意見和想法，下屬也就輕易開口了，因為不是以自己的意見為前提，責任感和壓迫感減輕了，因而警戒心也鬆懈下來，無意間說出了真心話。

如果被問及：「年輕人對公司和工作有怎樣的想法？」上了圈套的下屬會侃侃答道：「覺得自己的價值較工作重要！」或是「和中年以上的主管不太合得來……」結果主管對你的評價由正變成了負。

因此當主管問你類似的話時，你要能識破對方欺騙的詭計，並多加思考後再回答才是上策。

以靜制動

在社會生活中，我們一定要保證自己的言行正直坦蕩，在與愛挑撥離間的「偽君子」相處時，更應當如此。在聽到挑撥離間的閒言碎語時不信、不傳，既要做到自重、也要實現互重。

自重是處理人際關係的基本原則，在與不同類型的人來往時，它有不同的表現形式：比自己強的人，需要誠懇、虛心；不如自己的人，需要謙和、平等。而和那些搬弄是非的人，則需要正直、坦蕩，就是我們說的對閒言碎語不信、不傳。認識事物要有正確的方法，判斷事物要有充足的依據，一句話，就是看問題要全面，不人云亦云，要有自己的見解。

除了自重外，互重也是很重要的。背後議論別人是一種不道德的行為，幫助別人改正這種習慣是應該的。改變這種「偽君子」惡習行之有效的方法是：尊重對方，以朋友式的態度，善意地規勸對方。或者巧妙地引導對方獲得正確認識事物的方法。比如，當對方談論他人時，可以先順著對方的話語，談談這個人確實存在的缺點，然後再談談他人的長處，從而形成一個正確的結論。如果有些「偽君子」挑撥離間的惡習已成為其性格特點，那麼你就乾脆不理睬他。

我們常說「走自己的路，讓別人去說吧！」、「為人不做虧心事，半夜敲門心不慌」，只要你自己對得起良心，只要你行得正、站得直，你就不怕這種小人行徑。

另外，在應對挑撥離間的「偽君子」時，你要特別注意不要一聽到搬弄是非的話，就立即去找人對質，更不要一時性急，去找人「算帳」。這樣會使別人把你和他等同起來看成是沒見識的人，就恰恰中了挑撥者的奸計。

愛挑撥離間的「偽君子」總是忙來忙去地穿梭於其他人之間，今天向這個人告訴那個人的「祕密」，明天又到那個人面前造這個人的謠言。其實應對這種小人作風的「偽君子」的最好方法就是以靜制動，與他保持適當距離。

防人之心不可無

周圍的朋友裡會有妖魔鬼怪？聽起來有些聳人聽聞，其實他們就是大家常說的「偽君子」，都是衣冠楚楚、風度翩翩的俊男靚女，並不是青面獠牙的牛頭馬面，正因為這樣，才更危險、更可怕。

阿寬剛畢業時，對未來充滿了憧憬，恨不得一下子就獲得成功，所以做起事來格外賣力。試用期過後，阿寬與熊霸一起分到了行銷部，因為他們同年又同時進公司，所以很快成為好朋友。在工作上更是無話不談。可是沒想到，後來阿寬竟成為熊霸加官晉爵的墊腳石。

原來，經過一年多的友好相處，熊霸處心積慮地搜集各種「有利證據」，比如阿寬某月某日說總經理的髮型太老土，他都會在「適當」的時刻向總經理「不經意」地說漏嘴。後來當阿寬得知總經理為什麼對自己的印象這麼差的時候，才發現自己被出賣了。儘管阿寬很憤怒，但經過仔細考慮，發現要和熊霸翻臉爭鬥下去實在太累了，而且在這樣一位愛聽小人讒言的總經理手下做事也沒什麼意思，於是不顧家人的勸阻毅然地辭職。

這一次，初生之犢的阿寬對「防人之心不可無」這句話可謂大徹大悟。以後再碰到這種人，阿寬都會敬而遠之，而且阿寬也不輕易在辦公室裡談論自己或其他人的閒事了，禍從口出嘛！

故事中熊霸這樣的「偽君子」多數都是欺軟怕硬型，如果他們做得不是太過火，你大可不必去理他們，但是適當的時候，你也可以，甚至必須反擊一下。對待陰險型的「偽君子」，要以預防為主，處處留心，別被見縫插針。這種人對你經常採取陽奉陰違的態度，有點像披著羊皮的狼，所以不要輕信他對你的讚美，因為他在讚美你的同時，正籌劃如何利用你，笑裡藏刀啊！如果對方勢力強大又小人得志，最好敬而遠之。

性格沉悶的「假面人」

還有一種是性格沉悶的「假面人」，與他們在一起，人們總會感到沉悶和壓力。有時候儘管他們對某一件事情特別關心，但從不願主動開口說話，讓周圍的人難以交流感情。有些人為了炒熱氣氛，打破這種「一切盡在無言中」的局面，故意找話聊。對於沉悶性格的「假面人」來說，他們的回答非常簡單，話題難以展開。因為他們更習慣於沉默寡言，有時則出於某種心事而不願多言。在這種情況下，別人大都不願去破壞對方的心境，讓其保持一種內心選擇的存在方式。相反，你如果故意地沒話找話，並拼命地想方設法與對方交談，只會引起對方的反感和厭惡，以至於他們不願意和你在一起。

性格沉悶的「假面人」，總希望別人與他們來往時更有耐心和細心，但一般人很難做到，因為不擅交流，別人很難知道他的興趣，很難找到共同話題。時間長了，他那被封閉的心理漸漸凍結了，性格也變得有些古怪，因而在與人相處時就更顯得格格不入，令人感到不可思議，有時甚至被視為「怪物」，於是人們常常用異樣的眼光去看他，這樣看多了，他的眼光也同樣變得異樣了。性格沉悶的「假面人」大都具有較明顯的「閉鎖心理」，他們既苦於無人知曉自己的心事，又不願意讓人真正了解自己的心事。

平板電腦的悲劇

李先生結婚三年，兒子也兩歲了，但他生性不愛說話，想在妻子和朋友面前做一個頂天立地的男子漢大丈夫，但又不得不面對他那吝嗇又囉嗦的妻子。

這天，他看中了一臺新發售的平板電腦，想買一臺，妻子竟當著眾人的面，不但沒有「批准」，還把他狠狠地挖苦了一番。他覺得這樣活著實在太痛苦，回到家找了一瓶農藥想服毒自殺。雖然他感到死亡的可怕，可是心裡的委屈又一股股地往上竄，他既恨妻子，又捨不得妻子，又覺得沒臉這樣活下去。一狠心便打開農藥喝了兩大口。

當他喝下農藥等死的時刻，他又後悔了。他想到墳墓裡的陰森可怕，想到人死不能復生，想到妻子平時的好，想到可愛的兒子，想到早年守寡養育他的母親，難受得心如刀割，於是他痛苦地大聲喊叫。他被搶救回來了，這是不幸中的大幸。事後人們不禁要問，什麼樣的委屈不能訴，卻非要用自戕的方法了結自己的一生呢？為什麼他不向妻子訴說自己的苦衷？與妻子溝通想法互相諒解呢？為什麼他不能向朋友說說他「妻管嚴」的尷尬處境？朋友的真誠規勸或善意的玩笑也許會化解他一時的感情衝動，「怕老婆」之類的話會沖淡他的苦惱。自己生悶氣，以至最後選擇了一條可悲的路，實在是不明智之舉。舉此事例，目的在昭示天下人：有苦惱應該吐出來。

性格沉悶導致了人生的悲劇。性格開朗的人，很容易獲得他人的相伴、相助。然而，性格沉悶的「假面人」，人們很難走進他的生活。即使你很真誠地想幫他，卻往往難以交流。當然，沉悶的人也會有談得來的朋友。他們更善於思考，從不輕言、不盲從，遇到問題常常要問一個為什麼。他們偏愛實事求是的現身說法。當你毫不隱諱地暴露出自己內心的隱私時，性格沉悶的「假面人」也會向你傾吐內心私事的。

無人說話

小梅就讀高中一年級，隨著青春期的到來，她慢慢地產生了擺脫父母的心理，開始有了自己的書房和小書桌，每天偷偷地寫日記，藏在抽屜裡不讓媽媽看。她希望用自己的內心去體驗世界，可是面對紛繁的現實世界，繁雜的人際關係以及沉重的學習壓力，小梅又感到一股不安全感襲來。於是，她開始變得孤僻，害怕人際交往，在內心中產生一種莫名其妙的封閉心理。她渴望與同學相處，羨慕其他同學快快樂樂、無憂無慮地參加社團活動，但她卻又害怕主動與別人談話，會抱怨別人對她不理解、不接納。

性格沉悶，有時與年齡階段有關係，是一種特殊年齡階段的生理和心理存在狀態。

小梅的這種表現特徵在心理學上稱為閉鎖心理，即一種與外界隔絕、孤單寂寞、沉悶壓抑的孤獨心理。產生孤獨心理的原因與她的年齡有關，青少年到了自我覺醒的半生半熟年齡，覺得自己長大了，在內心中需要有一獨立的空間，而不容外人侵擾。由於現實與心理上需求不相適應，使得有些青少年開始遠離人群，從而轉向與自己的內心進行交流。另外，青少年由於正處於人生觀形成期，他們對生活、事物開始有了分析、判斷能力，也有是非觀念、審美情趣、自尊心理。因而，有些青少年由於擔心與人相處時受到傷害，乾脆就對外界封閉起來。

失戀或受過挫折的人，可能會變得抑鬱寡歡、沉默少言。總之，性格沉悶的人如果不打破沉悶，學會交流，就不可能在這個社會上獲得良好的人際關係。

悲觀

悲觀的「假面人」之所以能夠讓別人信服，那是因為他們善於引發出每一個人對所處狀況的失望及無力感。每當我們感覺局面遠非自己所能控制時，也只好任由擺布了。如果說人生往往都得「聽天由命」，似乎並非言過其實。當別人把狀況的否定事實指了出來，我們除了感到憤怒及無助之外，剩餘的大概就是洩氣了。

若要瞭解永遠保持負面看法的「假面人」，先決條件便是必須意識到這種人並非對於每一項計畫都刻意地加以阻撓。事實上，他們已深信阻礙的力量絕非自己或任何人所能匹敵。

悲觀的「假面人」，其觀念與抱怨者頗有雷同之處，他們均認為自己無力掌握自身的命運——無論是以自然或人為的力量形態出現，沒有人能夠與命運抗衡。就我們大多數的人而言，經常認為自己總有某些足以改變自己人生的力量：有時甚至認為力量強大。但是悲觀的「假面人」卻對自己的能力缺乏信心，他們除了期望別人來解圍之外，往往只有期望命運對他們能夠仁慈一些。

如果他們認為有能力改變一切的人不能信賴，或根本無法有所作為，那麼他們所能做的唯有怒氣橫生及否定一切而已，但是他們不會如同抱怨者般經常埋怨他人，這正是二者間的不同之處。總之，這種難纏之人之所以無法從事較具建設性的行動，完全是基於長久以來的失望所致。

這種情形就如同父母與子女間的關係，為人子女者儘管並非情願，卻不得不承認一項事實——我們的父母並非神仙，他們也是普通的凡人，一樣會犯錯。對所有的孩子們來說，這項意識是一件令人痛苦及害怕的事實，在面對這項事實時，往往會伴隨著憤怒、寂寞以及失望。如果父母果然犯下錯誤而不自知，身為子女者只好「自我照顧」了，或不得不面對由別人來照顧的事實，畢竟父母生下了你並非意味非得照顧你不可，而你也並非一定得照顧他們。孩子們在這種情況下所感受的失望及痛苦，往往會期望「其他地方必然會有某些成年人能夠瞭解究竟發生了什麼事」。悲觀的人之所以能夠使我們那麼容易認同他們的說法，進而本身亦對處境感到洩氣，正是由於我們或多或少殘存了一些對人類的失望所致。

對付悲觀的「假面人」其要訣如下：

①保持警覺性，避免讓自己及群體中的其他人員陷入沮喪與絕望之中：述你個人較樂觀、但必須切合實際的看法，同時提出以往成功解決類似問題的實例來佐證你的觀點。

②切莫為了試圖改變對方的悲觀看法而與其爭辯：在問題尚未徹底加以討論之前，切莫過於急躁地提出你解決問題的變通辦法。當解決問題的方案經過認真考慮，預備付諸實施時，應立即向否定者提出有關負面作用的問題，預先設定最糟的可能性。

③利用否定者所提出的論調作建設性的用途：一方面用來約束大家免於過度樂觀，另一方面將之作為可能產生阻礙的預示。

④做好獨自採取行動的準備，並當眾表示自己實行該項計畫的決心：對於凡事講求有條不紊的人，必須先讓他們全盤瞭解狀況之後，才可要求他們配合行動，慎防製造更多的否定者。

怨天尤人

在工作中，經常聽到一些抱怨聲，即使他們工作很努力，你也會覺得很煩心、很難纏。若要成功地應付抱怨者，需先瞭解他們行動背後所隱藏的真實想法以及自己是否易於被導入他們所持的不同觀點中。

在抱怨者眼中的世界，有三個因素結合使得他們容易產生抱怨，那就是他們感覺自己：無能為力、聽天由命、完美無瑕。讓我們就這個因素分別加以分析說明如下：

◇無能為力：人類對於自己能否控制及解決他們當前所發生的事情，在自信程度上各有不同。當然，大部分的人都相信，我們在人生中所遭遇的一切，乃是源於個人機運、本身的才智以及別人對我們或為我們所做的好壞事等綜合造成的結果。其中有少數人深信自己才是唯一操縱自己命運的人。

至於抱怨者，則應歸類於那種自認無力管理自我人生的人一樣，在這種人的眼中，一切發生於他們身上的事情，似乎都在他們所能掌握之外。從這種相當於宿命論的觀點出發，一切事情的順利美滿，都依賴好的機運及別人賜予的協助了。而在這種論調之下，諸如努力、能力、創造力等，亦變得對任何事項均毫無影響力。同樣，自己人生路途上的阻礙或挫折，只有假手別人：亦即那些真正的強者來予以消除，其方法是首先讓對方注意到，然後由對方採取行動。

◇聽天由命：如果宿命的觀點是抱怨者產生此種難纏行為的唯一因素，那麼其結果必然是顯得知足、聽天由命式地接受一切狀況，而非抱怨影響所及，他們的人生觀自然應是隨著人生的河流飄浮而下，接受好的，忍受壞的，同時深信個人的努力與否根本無足輕重。矛盾的是，當一個人感到事情有所不妥，自己又無法解決，非得假手他人加以處理時，理應明白告訴對方「必須」如何方為正確，否則心中深感不夠道義，這種加以指示的特性，在抱怨者的話語中幾乎隨處可見。例如，抱怨者若埋怨你的工作趕不上進度，無異指示你必須準時完成。

◇完美無瑕：抱怨者之所以堅持此種行為模式，尚有另一項原因，抱怨別人足以使他們本身顯得毫無過失、無可責備、清清白白以及品行上的完美無瑕：至少顯示給自己看。他們透過埋怨的方式來獲得二次證明自己完美的根據，第一次是將自己觀察到的不當事情委過於別人，第二次則是把責任推往他人身上後，再將自己的「美好」與他人所顯露的「惡劣」作比較，藉此突顯自己。

抱怨者通常會如此想：「我已經把這件事提醒你注意了，也告訴你有關它的不妥之處，我已盡我所能，你怎麼做全在你。」他們既已建立起是你而非他們的過失，他們所指出不妥狀況也尚未解決，他們對於你該做、能做卻又不去做的情形產生憤怒，便更加言之成理。

「假面人」也會咬人

有些公司裡派系分明、關係複雜，利益衝突是根深蒂固的，因而暗地裡的較量也往往劍拔弩張。身處其中唯有洞察內情方能明哲保身，但若一個人天生坦坦蕩蕩，不屑爾虞我詐，一旦被暗箭射中又該如何？

以前有個和A君同時進公司的同事B，性格內向，每天就看他低著頭，皺著眉，好像有天大的事極需他思考處理。而A君天生開朗，每位同事和A君關係都很好，大概是兩人性格相差太大了，所以他們的關係並不怎麼好。因為A君的工作表現突出，人緣也特別好，主管準備提拔A君當市場部經理，於是找A君談話。也不知道這次談話內容怎麼被他知道了，B就開始冷嘲熱諷，意思是A君很會拍馬屁之類，B也毫不顧忌，不和他一般見識，就等著正式任命下來。正式任命如期下來，但他們公司有這樣的規定，就是必須在公司裡待段時間，徵求大家的意見，一般這都只是走走形式而已，沒什麼問題的。

但過了一個星期，主管很嚴肅地找A君談話，表示公司收到了匿名信，說A君生活作風有問題。這樣的誣陷讓A君差點吐血，老掉牙的招式現代居然還在使用，大概是覺得A君剛離婚，就有被懷疑的理由，信的署名是「一個伸張正義打抱不平的同事」。A君立刻就想到這個人是B，因為平時嫉妒排擠搶功總少不了他的份，而他在一開始的表現也實在讓A君懷疑。幸好A君和主管的關係好，幾位主管對A君都很瞭解，也對這種匿名告狀的做法很不屑，最後這件事情就不了了之，A君還是如願以償地當上了市場部經理。在A君升職之後沒幾天，B就提出了辭呈，這樣A君就更確信是他了，雖然A君對匿名信事件隻字未提，但做壞事的人總是會心虛的。雖然被他陰險的在背後捅了一下，但A君並不生氣，其實他完全沒必要走的。

被一個人放「暗箭」，可以不當一回事，因為不是他在嫉妒，就是他心理有問題；但如果被很多人放「暗箭」，那就要檢討了，很可能你的為人處世確實有問題。

「世故」還是「成熟」？

生活中，總會碰到一些願意把自己隱藏起來的「假面人」，他們不讓別人知道自己的過去、家庭、朋友，也不讓別人知道自己對某些事情的看法。這種人往往難以相處，又讓人感到十分的神祕。

於是，就有一些人，尤其是年輕人，感覺只有這樣才算是成熟，青年總覺得為人處世難，渴望自己早一點成熟起來，但往往又無法分清成熟與世故的界限，陷於世故的泥沼。的確，和一個成熟的人交朋友，會對自己的為人處事有很大的幫助。可是如果錯把一個世故的人當成一個成熟的人，恐怕不但無益，反而有害了。那麼，到底怎樣區別成熟與世故呢？

成熟者能看到社會或人生的陰暗面，卻不被陰暗面所嚇倒，表面上沉靜的內心卻有一股熱血。因為面對黑暗面，要有「不悲觀且堅信希望在將來，又執著於今天」的努力。世故者也看到社會的陰暗面，但他們分不清主流和支流、本質和現象。他們或許曾在事業、理想、生活、愛情等方面遭受打擊或挫折便冷眼觀世，覺得人生殘酷，社會黑暗。他們自以為看透了社會和人生，以「眾人皆醉我獨醒」自居。在生活中，成熟與世故的具體區別表現為：

①真誠與虛偽：成熟者知道社會是複雜的，因此人的頭腦也應當複雜些好。遇事要自己思索、自己做主、不輕信、不盲從；與人來往，考慮複雜但不失其赤子之心，「和朋友談心，不必留心」；如果遇見不熟悉的人「切忌不可一下子就推心置腹」，因為這樣既不尊重自己，也不尊重別人，可以多聽少談，真正瞭解後才可以敞開心胸交流。這是魯迅先生待人的經驗之談。世故者由於過多地看到人生和社會的陰暗面，因而錯誤地認為人世間沒有真誠可言。與人作「披紗型」的交往。猶如信奉伊斯蘭教的婦女披上自己的面紗一樣，把自己的內心世界封閉起來，對人處事奉行「見人只說三分話，未可全拋一片心」的原則。與友往來，虛與周旋，別人的事自己探聽尤詳，自己的事隔牆難聞，說給別人聽的，淨是些「不著邊際」的話。

②互助和利用：成熟者在處理人與人關係上，堅持互惠互利，互幫互進的態度，有福同享，有難同當，患難時見真情，世故者對周圍人採取於己有用者交往之，於己無用者疏遠之的態度。相處的熱情，則與有用的程度成正比。即使是對同一個人也不例外，就像果戈理小說《死靈魂》中的主角乞乞科夫，在剛當小職員時，百般討好巴結主管的麻臉女兒，當博得主管的好感，當上科長站穩腳跟之後，便馬上翻臉不認人，那個癡情的姑娘便成了他愚弄的對象。

③堅持原則與見風轉舵：成熟者遇事頭腦冷靜，堅持原則，有主見，了解自己該做什麼。世故者觀風向，看氣候、見什麼人說什麼話，投其所好，八面玲瓏，採取「見風轉舵」的處世方法。就如同：當世故者與多愁善感的人交際，便把自己打扮成多愁善感的人，說話時，眼睛裡有時還會泛著淚光；轉身與性格多疑的人交際，他又會儼然裝得深沉起來，與對方一起分析別人，奉勸對方應採取如何的態度來對付；而與率直爽朗的人談話時，他又會馬上變得正義凜然，會為朋友打抱不平，兩肋插刀；然而與喜歡息事寧人、凡事低調的人在一起時，又顯得老謀深算、久經風霜的樣子，把那些正直的舉動，說成「簡單」和「幼稚」，彷彿一切發生的麻煩都是因他不在場而造成的。逢人迎合不吃虧，他中有我成「朋友」，是變色龍者的祕方。

④面對現實和玩世不恭：成熟者對事勇於發表自己的意見，敢作敢當，有捨我其誰的大丈夫氣概，往往小事糊塗，大事清楚。世故者遊戲人生，採取滑頭主義和混世主義態度，專搞中庸，他們和人可以談天說地，但只是裝樣子，從不下結論，迫不得已時也有些不言而喻，「大家早已公認」的結論。遇有原則問題需要辨明時，則莫問是非曲直，要不然就是模棱兩可，怎說怎有理的話，與人意見不一時，便以「今天天氣……哈哈哈」的態度加以迴避。對於社會上存在

的種種行為，雖知其隱祕，卻不露聲色，作冷眼旁觀者，既可明哲保身，又可留條退路。

⑤奮進與沉淪：成熟者和世故者也許都經歷過生活的艱辛、人生的磨難。但前者把挫折當成再出發的起點，重新認識社會與自我，努力不懈；後者則或者躬行「先前所憎惡、所反對的一切」，拒斥「先前所崇仰、所主張的一切，」或者乾脆對一切無所謂，企求超脫社會，也許還會與惡勢力同流合污。

成熟是人生成功的重要標誌，世故者只能把人生引入歧路。世故在人際交往中留下的印象是不可信、不可靠和不可近。一個這樣的人，自然很難在人生舞臺上有出色的表演。

第8種人 黑色的良心

這種人可以說是最無恥的人，不管你曾經對他多好，對他付出了多少，他都不會放在心上，只要是有利於他，隨時都會讓你犧牲，甚至連眼睛都不眨一下。

用「道義」換錢財

「君子愛財，取之有道」。但有人不在乎「道義」，只要能把錢弄到手就行，在他們心中，「道義」丟了無所謂，「錢財」丟了可受不了。所以，他們不管錢是怎麼得來的，得到了就死也不放手，根本不考慮會不會失去自己的德行品格。

有一王姓人家，兄弟六人，家境貧寒，衣食清苦。六兄弟個個倔強努力，奮發圖強，為擺脫貧困的命運歷盡辛勞。在剛剛允許個人經商做買賣的年代，王老三不辭勞苦，天南地北的出外打工，賺了一些苦力錢，王老五見了，很羡慕，為了自己也能立業賺錢，就跟三哥說盡好話，借了數萬元，買了一輛小摩托車跑買賣，並說定一年後還清。一年到期後，三哥正等著用這筆錢娶老婆，向他要錢，他罵三哥不講道理，脖子一歪說道：「沒有錢，你能怎麼樣？」三哥沒辦法，只好認栽，老婆也娶不上了，四十幾歲還是單身。而王老五則到處宣揚三哥的不是，把三哥埋怨得很差勁，彷彿讓人感覺到，他不還錢是有理的，向他討債是沒理的。於是兩個人幾年不說話，積怨日深，一直耿耿於懷。

這時，王老二在一家公司上班，王老五找上門，請求二哥託人教他製作糕點，二哥和二嫂出面，幫他找了一位有名的師傅，並無償供他學習期間的食宿開銷，數月以後，技術學成了，他回到老家開了一家小店，並從僱用的女職員中討了個老婆，成家立業後，話頭話尾不時流露一些對二哥與二嫂的感激之情。

小店做起來後，王老五讓王老六為他做起了多年沒有薪水的員工，然後又到二哥家借走價值上萬元的木材，製作了必需的工作器具，同時又到一家雜貨店賒來麵粉數千公斤，答應貨款隔月償還。事業很快經營起來了，產品賣出去後換來大把的鈔票，王老五手頭寬了，變得一日比一日瀟灑。但他卻欠著別人的木材錢和麵粉錢不還，一找到他要帳時，他就千般抵賴，苦窮苦短，拖欠不還，搞得債權人和他不歡而散。而他自己在財物上卻狠占了一回便宜。

兩年後，事業因經營不善倒閉了，王老五又變成了一個窮光蛋，正值此時，大哥遠在千里之外工作，表現良好，賺了不少錢，王老五聽說後，投奔過去，對大哥使勁奉承，大哥念及兄弟情義，幫王老五引薦了一份工作。半年後，王老五回到老家，竭力鼓吹自己能耐，如何幫大哥賺了很多錢，彷彿大哥的錢是他幫忙賺到的，而他自己的錢是憑能力賺來的，言下之意，是大哥不如他好，不如他有才華。在一些不知情者的心目中，他的臉上頗光彩了一回。

此後，王老五閒不住，到處利用關係，又找到了一個開商店賺錢的門路，但苦於資金不足，開店的願望遲遲無法實現。王老五厚著臉皮，又去找大哥，好話說盡，把大哥說動了心，決定借他幾十萬元開商店的資金，王老五信誓旦旦地答應一年後肯定還清。一年後，商店賺了錢，但為了擴大商店規模，他依然不還錢，向他索要，他還振振有詞地辯解，說大哥這人沒有兄弟情義，到處說大哥的壞話，散布大哥的謠言，壞大哥的事情，搞得兄弟形同陌路，而他自己又不檢點，吃喝嫖賭，無所不為。幾年後，商店的錢花光，他在經濟上又支撐不下去了。

但他運氣好，此時正趕上四哥在外面闖蕩賺了些錢，王老五無路可走，就甜言蜜語地向四哥套交情，請求到四哥那兒謀個工作做，當時四哥的事業做得正巔峰，一面賺錢，一面還能天南地北的遊玩。但四哥知道這位兄弟太貪財，不願錄用他，反而請了一個老實人。王老五聽說後暗中找到這位老實人做了點手腳，讓老實人放棄這份已經說好的工作。接著，王老五三番兩次打電話，說是只要讓他來做，月薪給個二萬五千元就行。四哥心軟，就答應了他。

王老五到四哥門下後，不到兩個月中，就騙了四哥幾萬元，而且四哥發現他每當從客戶那裡拿到錢，他的眼神就放出了異彩，四哥這才知道他這位弟弟被生活逼得心理不健康了，對錢的心態變得極不正常。如不留意，時刻都有因錢妄為的危險。而且，還要求開四萬元的月薪，並每年調薪五千元不再像當初來時那樣說「月薪給個二萬五千元就行」的話了。四哥見他如此貪財和心懷不軌，決定辭退他。而王老五呢，哭天喊地，又要向四哥借錢以維持商店生計，四哥念及兄弟情分，慷慨解囊，借給他數萬元，他眉開眼笑，一口答應隨會隨還，並簽了契約，四哥又寬限他一年後還清即可。誰知錢到手後他並未滿足，張口閉口還要借更多的錢。四哥也有難處，不便再多借給他。但沒想到他這個人財迷心竅，不再借錢就反唇相譏，反目成仇，到處說四哥的壞話，而且還拿當初四哥念及他是兄弟才好心透露給他的經營事業機密當作攻擊四哥的把柄和武器，喪心病狂地進行威脅和恐嚇，不但不還錢，還揚言要用向四哥借來的幾萬元僱人加害四哥，對四哥四嫂像瘋狗一樣亂咬亂罵，把兄弟情義糟蹋得一塌糊塗。

與前幾次向另外幾個兄弟借錢借物的情況一樣，他到處無理狡辯，把借給他錢的人說得一無是處，借錢不還說得渾身有理，而且還玩弄心計，編造假象，胡攪蠻纏，把四哥答應的月薪四萬元說成是二萬元，把從四哥門下做一個月零三天的工作說成是四個月，以此混淆視聽，亂人耳目，以便為從借款中訛錢財、敲竹槓編造理由，真正知情的人都覺得王老五這個人利令智昏，恩將仇報，為了錢財德行喪盡，手段用絕，人性掃地，心腸卑鄙，惡毒有餘而良知不足。對這種道道地地「沒良心」的人，只能揭穿他，不能讓他再到外面說話佯裝正人君子，背後辦事當小人。自從他失信失義失德的「沒良心」嘴臉被揭穿後，人們再也不敢輕易與他打交道了，以前曾與他友好相處的人也都處處防著他，深怕再被他的花言巧語所打動，擔心再被他騙走什麼，這樣做人做事，怎麼還能與別人友好相處呢？

後來人們總結道，王老五這個人弄到手的不義之財，一是靠騙，即花言巧語騙取好感，然後開口借錢借物；二是靠坑，把借到手的錢物據為己有，找藉口不還，坑害幫助過他的人。他從每一個兄弟身上都狠狠實實地削下一刀肉，肥了自己之後，招搖過市顯闊，一面用不義之財吃喝嫖賭，一面欠帳抵賴，非但不還錢，還要挖空心思編造各種不實之詞，製造不還錢有理、催欠帳不仁的假像，真是「滿嘴仁義道德，滿腹男盜女娼」。這種人在當今社會並不罕見，他們的共同特點是表面上看似正派、大方，很講信譽，而且能說擅道，善於交際，正是這些表面上給人的好印象，才使一些善良的人受騙上當。一旦他們的假面具被揭穿之後，他們也就不再有了。

奪取航線

重利的沒良心者往往會捨棄道義和良知，沒有人情味，只有金錢上的成敗得失。這種人，詭計多端，不擇手段，人們在與他們相處時，都要存有防範心理。

十九世紀四〇年代末，在太平洋沿岸的美國加利福尼亞州發現了金礦。這一消息傳開後，很快在美國和歐洲大陸出現了黃金熱。這些歐洲人大多是在紐約登陸的。因為當時美國還沒有連通太平洋到大西洋的鐵路，巴拿馬運河也還沒有提到議事日程，所以前往舊金山的人往往要坐輪船繞道南美的最南端。

一位叫范德比的商人看到這是一個發財的機會，決心開闢一條通過尼加拉瓜的航線，讓人們走近路直達舊金山。他親自到尼加拉瓜四處活動遊說，最終和當時的總統查庫羅簽訂了一項祕密協定，規定凡從尼加拉瓜過境的船隻均由范德比負責。從此，范德比在這條航線上賺了好幾百萬美元。

此事引起了一位叫華爾克的人的注意。華爾克眼看老范德比靠這條航線，將大把大把的鈔票流入口袋，自己從商好幾年卻一直沒有太大成績，十分嫉妒，決心把這條航線奪過來，據為己有。一來可以靠這條航線賺錢，二來還可減少自己所有黃金採購公司的運輸成本。奪取一筆小生意好辦，奪取一條航線談何容易。老范德比從商幾十年，可謂沙場老手，和他鬥需要動一番心思。華爾克想：老傢伙在國內政界、商界頗有影響，保鏢成群，搞得不好不僅達不到目的，反而會身敗名裂。思來想去，華爾克想出了一個計謀。他決定設法把老范德比引誘出國，然後乘其不備下手。

他首先用重金收買范德比的私人醫生。一天，醫生對老范德比說：「您最近身體狀況不太好，可能是勞累過度，建議您去法國休養半年或更長一些時間，否則，您的心臟會有危險。」為了使老范德比下定決心出國休養，他還用錢收買了經常與范德比有來往的一些夫人和太太們，讓她們規勸范德比的妻子、女兒和媳婦說：「您家老先生臉色不好，心臟又不太好，不如到外國去休息一陣子，美國的氣候太差了，再這樣下去，恐怕會有生命危險。法國的巴黎最適合他這樣的老人休養。」一家人一聽十分著急，一天催他三、四遍，要他出國休養。

俗話說：「三人成虎」。老范德比本來身體沒什麼大毛病，自我感覺也挺好，但禁不住許多人勸說，自己也懷疑身體是否真的不行，於是便起身到巴黎休養去了。老范德比一走，華爾克立即採取行動。他用船裝了幾百名打手和滿船的軍火前往尼加拉瓜，登陸後，與事先聯繫好的尼加拉瓜內奸裡應外合，以迅雷不及掩耳之勢，攻占了尼加拉瓜首都，直搗查庫羅總統官邸，威逼查庫羅總統修改協定，讓他主宰航線，查庫羅總統一氣之下，心臟病發作，當即死亡。華爾克立即扶持了一個尼加拉瓜人當總統，他自任尼加拉瓜軍隊總司令，控制了政權。不久，尼加拉瓜新政府宣布取消原政府和范德比的協定。但當事實真相被披露後，人們對華爾克的為人心存戒備，都不敢放心地與他來往共事。

慎選朋友

在紛繁的大千世界，人是形形色色的，選擇朋友不是一件易事。「萬兩黃金容易得，知心一個也難求」的老話，是古時候人們表明交友不易的箴言。但是不是因此就要少交朋友了呢？或者一再強調交友的審慎，就認為這個也不可靠，那個也信不過呢？

當然不是，既然是社會人，處在各種社會關係之中，交友是必然的，不但要有生死與共、患難不移的朋友，也要善於和有各種各樣缺點錯誤、甚至是反對自己的人交朋友。既要廣泛交友，又要審慎選擇，如何做到這一點呢？正如魯迅先生曾經說過的：「我還有不少幾十年的老朋友，要點就在彼此略小節而取其大。」略小節，取其大，就是不斤斤計較，而要從大處著眼。看人首先看大節，不是抓住對方的缺點錯誤不放，而是用發展的、變化的觀點看人。如果不是略其小，取其大，就不能與人為善，無法全面、客觀地評價一個人，而可能一葉障目，不識泰山，將朋友推開，因此得不到真正的友誼。如何看朋友？建議你：

①以時間看人：想瞭解一個人，並非一蹴可幾，須要長期觀察相處，才能漸漸有想法。人在見面之初，通常會給人留下不錯的第一印象，但可別就以這印象來評定一個人，或許是偽裝、忍耐的表面功夫，也可能真是這樣子。唯有長時間觀察、相處，才可能知曉一二，即俗話所說的「路遙知馬力，日久見人心」。

②向各方打聽：瞭解朋友，另一個比較可靠的辦法是向各方打聽。人總是要和其他人來往，同時本性也會暴露在不相干的第三者面前，也就是說，他不一定認識第三者，可是第三者卻知道他的存在，並且觀察了他的思想和行為。人再怎麼戴假面具，沒有舞臺和觀眾的時候，這假面具總是要拿下來的，所以很多人就會看到了他的真面目。而當他和別人相處、合作時，別人也會對他留下各種不同的印象。

你可以向不同的人打聽，探問他的為人、做事、思想。每個人的答案都會有出入，這是因為各人好惡有所不同之故。你最好把這些打聽來的資訊彙聚在一起，找出交集多和次數多的地方，那麼大概就可以瞭解這個人的真性情，而交集最多的地方，差不多也就是這個人性格的主要特色了。如果十個人中有九個說他「壞」，那麼你就要小心了；如果十個人中有九個說他「好」，那麼和他往來應該不會有問題。不過打聽也要看對象，向他的好友打聽，當然都是好話，向他的「敵人」打聽，你聽到的壞話當然就多。最好能多問一些人，不一定非要是他的朋友，同事、同學、鄰居都可以問，重要的是，要把問到的資訊綜合起來，不可光聽某個人的話。

當然，打聽也要有技巧，問得太白，會引起對方的戒心，不會告訴你實話，最好用聊天的方式，並且拐彎抹角地套話。這種技巧需要磨練，不是三兩天可以學會的。

你也可以看看對方來往的都是哪些人。人們常說「物以類聚」，因為他們價值觀相近，所以才湊得起來。性情耿直者就和投機取巧的人合不來，喜歡酒色財氣的人也絕對不會跟自律甚嚴的人成為好友。所以觀察一個人的交友情況，大概就可以知道這個人的性情了。

除了交友情況，也可以打聽他在家裡的情形，看他對待父母、兄弟姐妹如何，對待鄰居又如何。如果你得到的是負面的答案，那麼這個人你必須小心，因為對待至親都不好了，他怎可能對你好呢？若對你好，絕對是另有所圖。

如果他已結婚生子，那麼也可以看看他如何對待妻子兒女，對待妻子兒女若不好，這種人也必須提防。若你觀察的是女子，也可觀察她對待先生孩子的態度，這些道理都是一樣的。

三生有幸的朋友

趙先生既沒有學歷，也沒有財力，更沒有人事背景，但是卻能成為一個成功的企業家。他到底是如何成功的呢？他是一個很會體貼他人的人，對周圍人的體貼，甚至超過了別人的需求。只要你說要去他家玩，他都會萬分的歡迎你，希望你能住幾天。背地裡，無論是多麼的拮据，內心多麼的苦惱，他都好像隨時在等你的來臨，竭誠地來接待你，甚至在你回去的時候，還要給你帶些小禮物、土產之類的。無論是多麼繁忙，他都不會表現出你的來訪對他是一種麻煩困擾。朋友問他何以如此，他說：「像我這樣一無所有的人，如果要與別人來往，就不能不令對方感到和我來往，會得到某些方面的愉快與益處。」

事實上，以前的他是既沒有學歷，又沒有金錢，更沒有背景的人。他是一直忍耐著寂寞的人生，努力奮鬥，度過那段日子。也就在那段時間裡學到了與人相處之道，又給別人某些方面的利益。所謂「某些方面的利益」，有時是精神方面，有時是物質方面，總之，別人得不到益處，是不會來主動接觸你的。

另外一個例子，是出身名門的「富家子弟」，他也想要成功。但是，當他與別人來往的時候，他首先就會考慮這個人對自己有何利用的價值。也許與這個人來往，以後向銀行貸款時，會比較容易，也許與這個人做朋友，他會教給自己致富之道，也許這個人會將土地廉價出售給我，也許會將辦公室借給我，也許……。如此這般，對周圍的人懷著期待之心，認為與自己接觸的人，都會帶給自己某些利益。

與這兩種人相處的態度，實在是南轅北轍，完全不同，一個是奉獻給別人某方面的利益，不然別人是不會與他來往；另一個則是認為與自己來往的人，可能會帶給自己某方面的利益。人只有在自己的欲求獲得滿足之下，才會與別人打交道，每一個人都有排除孤獨的欲求，害怕孤獨的吞噬。因此，「與別人來往」這件事情對孤獨的人來說，能滿足他的欲求，也可以說與別人來往這件事，對於孤獨的人來說，有很大意義。

我們與周圍朋友相處要像第一位一樣，能夠交到這樣的朋友實在是三生有幸，但是對於第二種人，我們最好還是不要理他們吧！

面對數落下屬的主管

數落下屬的主管通常會在以下兩種情況下發揮他的嘲笑才能，從而使下屬感到十分難堪：「發現下屬的短處時」與「下屬取得突出成績時」。

數落下屬的主管總認為自己很高明：「這些下屬實在是無可救藥，但這個部門又離不開他們。我懂得管理的藝術，既批評他們，又不使他們感到太受委屈。我想，幽默的嘲諷是最好的解決方式。」

通常，喜歡數落他人的主管，都有自己的某種動機。不是針對你的短處進行貶低，就是對你的長處進行嘲諷。他自己的表現就像是舞臺上的喜劇演員，除非你指出這樣做不合適。否則，他一直會認為貶低和嘲諷是一種不錯的發洩不滿的辦法。

數落下屬的主管，透過對你的數落已經向你明確地傳達了某種資訊。這時，你的反應應該是請主管坦率、直接地告訴你他的要求和條件。

最好的解決辦法是：

①找時間與主管私下交談：開門見山地承認那些數落令你很不舒服，你想消除彼此間的誤會。切記不要批評主管數落你。你要就事論事，哪裡對、哪裡不對，清清楚楚、明明白白。

②請主管直言不諱：坦然對待所有善意、建設性的批評。不找任何理由為自己辯解，要認真聽，並且保證改進。

謹防交淺言深

朋友之間相處的時間可能比家人之間相處的時間還要長，因此互相幫助是免不了的，而且它有利於朋友之間關係融洽，但是並不是幫助越多越熱情越好，很多時候好心會不被領情。

當很多同學還在為工作發愁的時候，龐德已經安然在這家大公司開始他的職業生涯，他受寵若驚而又異常興奮，正是懷著對力薦他的主管十二萬分的感恩之心到新部門報到。

龐德認真地工作，對同事很熱情，當然，大家對他的評價也不錯。龐德心裡想：公司並不像大家說的那麼複雜呀，起碼我待的這個組裡人情味還挺濃的。因為覺得同事們都很好，龐德也盡力幫助別人，比如說，幫劉大姐影印資料（經常花上半小時），幫小吳做企劃書的封面設計，每當別人說「謝謝」的時候，他感到美好。到後來，龐德甚至幫主管去接他在幼稚園的寶貝兒子，有時候他也覺得彆扭，但是他總是不好意思拒絕別人，他們對龐德真的很好呀。再說，對他來說，拒絕別人是比做這些小事更麻煩的事，算了，算了，也是偶爾為之，龐德總是這樣安慰自己。

直到有一天，龐德無意中聽到另一部門的人說到自己。「那個新來的龐德呀，很有心機。」「你覺不覺得他很會巴結主管？」……沒想到辛辛苦苦的工作竟換來這樣的評價，龐德簡直氣炸了。

還有一件事更讓龐德懊悔：他們組裡有個女孩，他們處得非常好，工作上常意見一致。他們的友情也不斷深化，發展到了各自的私交圈，對方的男女朋友也都十分熟悉。她有時會和龐德的女朋友一起逛逛街，龐德和她男朋友偶爾也會打打球。有時四個人還坐在一起打麻將，公司裡的其他同事都十分羨慕他們。

但這種融洽的關係卻在有一天出現了難以彌合的裂痕，起因是公司裡新來的副總經理。女孩從見到他第一眼起，就很不自然，副總經理也是，兩人坐在那裡，並不說話，卻有種微妙的氣氛。下班時，女孩突然「消失」了，平常他們都是一同坐車回家，即便臨時有事，也會先打個招呼。龐德問了門口的管理員，說她和副總經理一起出去了。

第二天，女孩紅腫著眼睛來上班。回家的時候，沒等龐德問，她就主動表白：副總經理是她大學時的同學，他們曾經談過戀愛，後來因為副總經理畢業後去了美國，兩人斷了往來。副總經理經過上一次失敗的婚姻，再見到女孩，有了和她重溫舊情的想法。說著說著，女孩忍不住掉起眼淚來。龐德和這個女孩子就這個事情作了親密的交談，但是沒想到，自從那次之後，女孩和他漸漸疏遠，也許是後悔讓他知道了這個祕密。有一天，她開始在同事間散播龐德做事常常偷懶、無法完成的任務都要她幫他頂著的謠言。

千萬不要和這種人有過密的交往，因為你對他知根知底，一旦風向有變，你立刻就會成為他的頭號防範對象。別人的傷心史，能不聽就別聽，更不要濫施情感。你同情他，說不定他轉眼間就會為自己的一時脆弱而後悔，甚至轉而恨起你來。

嫁禍於人的主管

「沒良心」主管總愛把自己的過失轉嫁到下屬的頭上，對於他來說，保住自己的職位才是最重要的。甚至他們會利用職務之便，以權謀私，從事非法交易，出於自己的安全考慮以及能夠逃避法律責任，他覺得有必要抓住某個人替他頂罪，因此你可能就成了他的犧牲品。

嫁禍於人的「沒良心」主管經常是趁你還沒有弄明白事情的真相時，便劈頭蓋臉地批評你一頓，先給你一個下馬威，讓你一時不知從什麼地方下手去爭辯，同時混淆視聽，轉移大家的視線，給別人造成一種任何錯誤都是下屬做的錯覺。無疑，你成了無辜的受害者。而真正的過失者可能就是他本人。然而，不容作爭辯，他已經給你判了罪。應對嫁禍於人的「沒良心」主管，你要勇於申辯，千萬不能做他的代罪羔羊。你要根據他所犯錯誤的大小，分以下兩種情況加以應對：

首先，如果是一些十分嚴重的惡性事故，或是造成較大的經濟損失或政治影響，則不管如何，都應該據理為自己申辯，這裡已經不存在情面與技巧的問題。如果你仍然顧全主管的面子而把責任都往自己身上攬，其後果是不堪設想的。

其次，涉及觸犯國家法律的事情時，也應該毫不留情地實事求是地進行有力的申辯。以有力的事實向公司證明你的能力和忠於職守，並揭露那些心術不正的主管的種種詭計，否則，你只能吃啞巴虧。在這種情況下，如果你還要為主管掩飾，則只能是害了自己。而且，在法律面前，誰也不可能徇情保護你，也不要寄望於那些虛假的承諾。當然，如果是無關緊要，無足輕重的小問題，替主管背一次黑鍋也無妨，或許他會找機會回報你呢！

當利益在朋友間出現時

自古商人重利輕義。雖然義和利都是我們所追求和崇信的，但它們之間常常變成魚與熊掌的關係。於是，就出現了眾多捨義取利的「沒良心」。

「如果你想失去一個朋友，你就借錢給他。」有人如此說。即使是有感情基礎的朋友，也會在利益面前受一定的考驗。利益，使人際的天秤容易失衡。

小謝最近幾年建材生意蒸蒸日上。在同學聚會中，他出手闊綽、出盡風頭，並拍著胸脯說：「大家同學一場，有什麼事情只要說一聲，包在我身上。」

阿舒剛買了一塊土地，打算蓋房子。想起小謝的「鄭重承諾」，也就打電話過去打聽打聽。小謝很熱情地說：「老同學嘛，這點忙非幫不可！非幫不可！」

阿舒對於建材原本就很外行，他也懶得去瞭解，想必同學之間應該不會欺騙吧。事實上，施工人員及其他專業人士一致認為他所採購的建材價格高於市場價，且品質也是二流的。阿舒非常氣憤地去找小謝，小謝卻陪著笑臉說：「怎麼會呢？怎麼會呢？」

「商場無父子」，父子之情尚且如此，朋友之情又值錢幾何呢？利益，有時使得人與人之間的關係變得混沌模糊，甚至污濁不堪。

第9種人 酒精的奴隸

這種人嗜酒如命，為了喝酒，真的連自己的人格都不要。而且，在酒精的作用之下，什麼事情都做得出來。

吃喝中的沉淪

華人講究入境隨俗。當一種社會風氣形成的時候，如果要維持良好的人際關係，要辦好事情，就必須迎合這種風氣；如果逆風而上，與社會風氣和潮流反其道而行，將會失去朋友、支持和幫助。下面兩位大學生的故事會給我們帶來一些啟示。

十多年前，小張在大學畢業後，分配在北部的一所大學裡教書，雖然已在北部成家立業，但每年都要回一趟老家。每一次回家，他的心靈就被震撼一次，家鄉的山林依舊荒蕪，鄉親們的生活依舊貧困。

小張決心為家鄉闖出一條致富之路，他毅然辭去大學的教職，回到老家開始建造他的示範農場。可是，萬萬沒有想到，不到兩個月，他就和幹部們發生衝突。一次，因為幹部偷懶，小張當面提了意見，他坦誠地說：「論輩分，你們都是我的叔叔伯伯；大家生活這麼苦，幹部應該樣以身作則。」

「幹部們一愣，多少年了，還沒有人敢當面說他們的不是呢！他們手握酒瓶，小聲議論說：「這晚輩，不過讀了幾年書，尾巴就翹起來了！」小張無奈孤零零地守著空屋，守著他的農場，守著他的人生夢想。

另一位大學生李君主修工科，畢業後分配在南部工作。他嫌總公司太冷清，主動要求到基層工作，以便實現他的抱負：開發礦產資源，造福家鄉父老。剛出校門一個月，他也有過類似小張的遭遇。那是在家鄉選礦廠時，李君發現用來建廠的大部分鋼材被主管拿去送人了。他氣憤地找主管質問：「你怎麼能拿公有的東西隨便送人呢？」主管拍了拍李君的肩膀，開導說：「你呀，剛出校門，不懂得人情世故。搞設計不能死估計實際需求量，還必須把一些人為的耗損加進去，這是大學裡學不到的知識。」李君恍然大悟，不再堅持自己的意見。這樣，他安然度過了自己步入社會的第一個險灘。在主管的眼裡，李君能幹而又聽活，幾個月後，他被任命為副組長。

李君為改變家鄉的面貌處心積慮，四處奔波。每處礦產的開發，每一座鄉鎮企業的建立，都浸透著他的汗水和「智慧」，與此同時，他不得不一次次地做了許多違背自己初衷的事，又一次次地原諒了自己。

人們誇獎李君頭腦特別靈活，他很得意。的確，透過幾年的奔波建廠，李君領悟不少「人情世故」。他拉關係、走後門。請客送禮的技巧，已經到了爐火純青的地步。很自然地，李君面前的紅燈少，綠燈多。

李君在大學裡立下的志向開始實現了，也可以說，他成功了。可是，李君卻苦笑說：「我發現我越來越不像我了。雖然我是做出了一點成績，可是失去了許多寶貴的東西。當人們誇我做出成績的時候，我卻在想，是不是在現實生活中青年人要成就一番事業，都要有一個與世俗妥協的過程，甚至以犧牲人格、理想為代價？」

李君的提問，需要我們每一個人去思考和回答。李君的提問更需要我們每一個人去醒悟和研究。當然，書面上和討論會上，對李君這種做法肯定是否定的。而現實中有誰不承認兩個青年知識份子的不同命運是自己造成的？

所以說一個人要想成就一番事業，光憑正直和無私是不行的。因為社會上的人形形色色，他們不可能像歷代聖人那樣嚴守聖規，要知道過於拘泥形式是很難成就大事業。為此，在明顯的對比之下，我們是否也應該徹底權衡一下利弊，適當調整一下自己的戰術或者策略方針呢？答案是肯定的：適者生存。

不喝酒也能成為百萬富翁

「喝酒好辦事」、「喝酒爽，夠朋友」，千百年來，華人有著揮之不去的喝酒情結，視酒為社會交際和拓展事業的靈丹妙藥。

然而，楊曉楠卻被酒整慘了：他曾經是一名警官，卻因為酗酒而失去了工作，連打工也沒有人要，老婆跟他鬧離婚，風燭殘年的父母下跪勸他戒酒……。

楊曉楠出生在軍人家庭。由於父親是軍官，家裡來拜訪的客人很多，所以總少不了要喝酒。而楊曉楠的父親酒量小，為了替父親解圍，楊曉楠便時常為父親代酒。慢慢地，他竟然喝上癮了。

某天深夜，楊曉楠和同事們一起喝酒時，跟一位同事發生了爭執，被酒精淹沒理智的楊曉楠竟然掏出手槍向同事的頭部開槍，那個同事一縮頭，子彈擦著他的頭皮射進了後面的牆壁！而開槍之後，楊曉楠居然若無其事地躺在地上呼呼大睡。事後經技術鑑定，當時若是子彈再往下稍稍偏一公分，他的同事就會沒命。這一次，他被停職反省四個月，記大過一支。

為了勸他戒酒，年過七十歲的父親給他下跪，老淚縱橫地說：「曉楠啊，你再不戒酒，我可能會氣死在你的酒杯裡啊……」白髮蒼蒼的母親也跪下：「兒子，請你戒酒吧……」。

楊曉楠也哭了，答應一定要戒酒。但他吃了許多戒酒的藥，都沒有效果。之後，楊曉楠被調到偏遠的鄉下派出所。那裡交通不便，山高皇帝遠，沒有主管的監督，沒有家人的約束，他的酒癮又上來了……。一天，值夜班的楊曉楠又喝醉了，居然帶著槍睡在外面空地上。所長查崗發現後，嚴厲地責罵了他。他當時雖然認錯，過後卻依然毫不悔改，還經常酗酒打人，甚至頂撞主管。結果連續兩年考績均不合格。

而後幾年是楊曉楠最灰暗的日子，因為屢教不改，他被主管開除了！悔恨的淚水流出了眼眶，楊曉楠覺得再也無臉面對親人、同事和朋友，他決定出去打工。然而工作卻不好找，最後還是他那一八三公分的個頭和結實的肌肉打動了一家大公司的老闆，聘他為保全，月薪二萬五千元。楊曉楠心中極為悲涼：沒想到自己一個碩士研究生、威風凜凜的人民保姆，因為酗酒，居然落到了給人看大門的地步！隨著長年的打工時間，幹過刑警的楊曉楠處處顯示出他特有的精明和幹練，老闆為此很賞識他，將他提升為保全隊長，管理手下一百多名保全人員。

一天，一群加拿大外商在老闆的陪同下參觀工廠，楊曉楠跟在外商身邊負責安全保衛工作。當時，老闆的翻譯因臨時病倒不在身邊，老闆和外商的談判都是經過外商的翻譯而進行的，這讓老闆覺得很頭疼。楊曉楠的英語水準還算可以，他便立即主動上前充當老闆的翻譯。外商很驚訝，對老闆說，沒想到您手下一個小保全素質都這麼高，跟您的合作很放心，並當場簽了一筆合約。

老闆大喜過望，事後給了他一個一萬元的紅包，並決定讓楊曉楠做他的特助，薪水也漲到了三萬五千元。照理說楊曉楠時來運轉了，然而他再一次栽在了酒杯上！

一天，老闆告訴楊曉楠第二天有一個重要洽談會，要他把資料都準備齊全。

可是當天夜裡，楊曉楠忍不住又喝多了。第二天，眼看就要到洽談時間了，楊曉楠卻還沒有到，手機也沒人接。老闆氣沖沖地闖進他的房間，發現他正酣然大睡，地上的酒瓶擺了一片。老闆大怒，一腳踢醒了他，吼道：「你這種酒鬼，連自己都控制不住，我怎麼能相信你？你給我滾！」

楊曉楠再一次失業了。同樣的事情又連續發生了幾次後，楊曉楠徹底灰心，無可奈何地回到了老家。

楊曉楠回到家裡後，巨大的失敗感湧上心頭，他煩躁極了，看到家裡櫃子有幾瓶酒就全部灌了下去。家裡的幾瓶酒喝完之後，他就向妻子要錢買酒喝，妻子不給，他盛怒之下竟然抓住妻子一頓痛打，兒子哭著叫喊道：「爸爸，不要打媽媽，那七個易開罐裡有我平時存的零用錢，你拿去買酒喝吧！」他竟然真的拿著兒子存的零用錢買酒去了……。

妻子再也受不了楊曉楠的酗酒，帶著兒子回娘家。臨走時，她給楊曉楠留下了一份離婚協議書。看著桌子上的離婚協議書，楊曉楠才真正意識到再這樣下去，這個家就毀了。他從外面抱回一大堆酒，一個人慢慢地喝著，他發誓：這是今生最後一次喝酒！

喝完後，他用菜刀劃破手指，在一張白紙上寫下了他的名字。然後，他又用手指上的鮮血給兒子寫了一封信：「迪迪，這是你來到這個世界上後，爸爸給你寫的第一封信。你是幸福的，因為你有一個善良且真心愛你的好媽媽；但同時你又是不幸的，因為你有一個因酗酒而喪失人性的壞爸爸。相信爸爸吧！我決定戒酒，你們等我的好消息……」

寫完後，楊曉楠離開家，甚至下定決心，萬一戒酒不成功，就自盡，永遠地離開人世，因為他沒有臉面再面對父母和妻兒……。

楊曉楠把自己一個人鎖在安靜的小院裡，平心靜氣不去想酒，難受時他就以頭撞牆。在醫學界，把嗜酒成癮者戒酒期間的強烈反應稱為「酒精戒斷症候群」，長期的酒精依賴一旦突然中斷，人就會噁心、氣喘、失眠、四肢顫抖和冒冷汗等，就像吸毒的人毒癮發作一般。開始的一週，楊曉楠真想痛痛快快地死掉算了。每當他快要撐不住了的時候，就把父母叫進來看一眼，又掏出妻兒的照片看一看，然後不停地罵自己太對不起父母妻兒。然後，他就自己鼓勵自己：為了他們，死也要把酒戒掉……。

為了跟酒癮對抗，他把上下嘴唇內外全部咬破了，連嘴巴內側都咬得鮮血淋漓……，以前他幾乎吃遍了所有的戒酒藥都沒有任何效果，現在他決心憑自己的「感動療法」，用毅力戰勝酒精這個液體毒品！他要讓自己完全忘記酒，拋棄它，憎恨它。漸漸地，他的反應沒有那麼強烈了，也能吃一些飯了。此後，他開始每天看書、聽音樂和慢跑，跟附近軍校的學員練習散打……。兩個月下來，他滴酒未沾！而且此後他一見到酒就難受，不是想喝，而是厭惡，真正地從生理上和心理上對酒產生了強烈的排斥心理：他戒酒成功了！

楊曉楠首先直奔離家不遠的一家鮮花店，給妻子買了一束紅玫瑰，並在卡片上寫了兩句話：「你是我今生最大的收穫，你是我人生最大的眷戀！」當楊曉楠手捧鮮花出現在妻子的辦公室時，妻子激動得當著同事的面哭了起來。結婚多年來，這是丈夫第一次給自己買花（他以前所有的錢都花在買酒上）。

楊曉楠決定做茶葉生意糊口。他花了一千元從二手市場買了一輛舊自行車，開始了他沿街賣茶的生涯。他從批發三百元一公斤的散裝茶葉，回來賣五百至六百元一公斤。由於價格公道、斤兩足夠，很多人都找他買茶葉。漸漸地，他又把茶葉批發給很多商店，銷量一下子大了許多，每天可以賺六、七千元。

靠著腳踏實地的茶葉生意，楊曉楠有了近十萬元的積蓄。透過幾個月的推銷經歷，他發現每家飯店都用茶水招待顧客，但是絕大多數的茶葉都很難喝，而且老闆們的進價還很高。楊曉楠找到一家老闆瞭解情況，老闆說：「我們根本就不懂怎樣辨別茶葉，買的都是過期的陳茶，而且價格昂貴！如果你有品質好的茶葉而且價格適宜的話，可以長期供貨給我們！」

楊曉楠發現了這個商機後，連忙回家跟妻子商量。妻子二話不說就把所有的積蓄全部拿了出來，並向娘家親戚借了一點錢，後來又用房屋抵押去銀行貸款，終於湊了一百多萬元。楊曉楠去批發了幾車質優價廉的茶葉，很快就被各大中小飯店買了個精光，很多老闆甚至主動與他聯繫，他的生意做起來了。

不甘心只做個普通茶葉販子的楊曉楠，以自己的名字申請註冊了商標，自己加工製作茶葉。不久，「曉楠牌」袋裝茶葉正式上市了，一開始就以物美價廉深受廣大消費者的青睞，銷量一路飆升……。生意做大了，楊曉楠的應酬開始多了起來。很多人都認為生意場上的事情離了酒就談不成，這對楊曉楠是個很大的考驗：喝的話，又要回到以前渾渾噩噩的樣子；不喝，又怕客戶們不高興，做不成生意……。

在生意和戒酒之間，他堅決地選擇了後者。剛開始時，因為拒不喝酒他丟掉了好幾筆生意，後來他覺得這樣下去不行，便改變了策略：每次上酒桌開始喝酒前，他都會對在場的人講他戒酒的故事，很多次，當他講到父母給自己下跪、他痛打妻子和兒子的可憐話語時，在座的人無不動容。同是酒鬼，很多客戶和老闆對酒後誤事和給家庭帶來的痛苦等都深有體會。結果往往原本想大喝一場的酒局，變成了對酗酒的檢討，很多人都不喝酒了，以喝飲料代替。很多老闆和客戶也由此更進一步地瞭解了楊曉楠，非常敬重他的人品，與他的合作更堅定了。

也有一些老闆不吃他這一套，他就耐心地對他們說：「我覺得您把喝不喝酒，作為考察合作夥伴的標準有些欠妥，您應該考慮我的人品和信譽是否可靠？跟我合作是否有錢可賺？如果這些都是肯定的，您又何必介意我跟不跟您喝酒呢？」部分明智的老闆見他態度真誠，又有做人的原則，也就爽快地與他合作了。

一次，一位英國老闆來當地考察、訂貨，並在酒店宴請幾位茶商，楊曉楠也在座。那位英國老闆也是典型的酒鬼，當他聽了楊曉楠的故事後，根本不相信酒這麼美妙的東西還會有人想要戒它，而且能戒掉！於是，他用生硬的華語對楊曉楠說：「楊先生，你如果喝下這瓶酒，這次的一千萬訂單就是你的了！」一千萬！多大的一張訂單啊！對於事業才起步的楊曉楠來說，具有多大的誘惑力。所有的人都瞪大了眼睛，楊曉楠也感到自己一時呼吸急促，但是他很快定下神來，透過翻譯細述了自己做生意的原則，請對方慎重考慮，然後他轉身向外面走去。就在他快要走出酒店大廳的時候，英國商人叫住了他：「楊先生，有骨氣！我對您堅持原則的精神很欣賞，合約我和你簽！」這次，楊曉楠憑著戒了酒之後的做人準則，贏得了一千萬的大訂單。

後來，楊曉楠心想這樣左推右擋太被動了，不如主動幫助生意上的夥伴們戒酒，不就更省事了嗎？他的一個朋友曾經因為酗酒滋事進過監獄，現在做了老闆後他喝得更厲害了，一醉就回家打老婆孩子，家庭關係因此搞得一團糟，老婆、孩子見了他就躲。他也想過戒酒，但就是戒不掉，於是楊曉楠決心幫他戒酒。楊曉楠耐心地給他講喝酒的壞處，並告訴他，完全靠藥物戒酒效果不會太明顯，應該靠自己的毅力。但毅力從哪裡來？可以從酒醉後洋相百出的窘迫中，也可以從對家人的愧疚中……。在他戒酒期間，楊曉楠經常去陪他聊天、運動，細心地引導他。兩個月後，這個朋友戒酒成功了，而且跟家人的關係也親密了。他對楊曉楠感激不已，不但把商場的茶葉全部改為進楊曉楠的貨，還為其介紹了很多自己生意上的朋友。此後，楊曉楠又幫助不少老闆和客戶成功地戒了酒，他們對楊曉楠更加信賴，合作關係也就更穩固了。

有了這麼多死忠客戶，楊曉楠更順利了。在生意應酬場上，楊曉楠再也沒有喝過酒，可是他的生意仍然越做越大。後來他已經成功地跨入了億萬富翁的行列。他以雄辯的事實證明：不喝酒照樣能做生意！

第10種人 賭桌上的惡魔

這種人恨不得一天二十四小時都能耗在賭桌上，他們深陷於此，不能自拔，最可怕的是他們會為了賭錢，不擇手段。

賭徒的敲詐

「小琴，我們把你洗澡時的人體寫真實況偷偷拍攝下來了，不過你放心，只要你和我們合作，我們就不會破壞你考試的，我們只是要錢。」即將期中考的小琴突然收到一則手機簡訊，她當即被嚇得手足無措，沒過幾天，她又突然接到一名中年女子打來的電話，該女子在電話中聲稱：「我手中有不少你的裸體寫真照，如果不願意曝光，拿二十萬現金來交換。」還沒等小琴想好如何與父母開口講此事，這個神祕電話就打到小琴的家裡，同樣是一個中年婦女的聲音，同樣是以小琴的裸照為要脅，讓小琴的家長拿二十萬元交換照片。

小琴一家在驚恐中選擇了報警，警方介入後迅速展開調查工作，對發簡訊的手機採取了嚴密的監控措施。通過相應的偵查手段，員警在某天凌晨一點多，在路邊的一個電話亭，抓獲三十六歲的蕭某。據蕭某交代，他此番前來，是準備往小琴家再打敲詐電話的。原來，三十六歲的蕭某好賭成性，但苦於無錢參賭，聽說女兒的同學小琴家中較為富裕，就動起了歪腦筋，先透過家裡的來電顯示裝置，記下了小琴的手機號碼和住宅電話，然後就編造裸體照片事件，敲詐小琴及其家人。

賭，是一種成癮的遊戲，可是真的上了癮之後，會成為葬送一生的陷阱。只要是賭博，自然是有輸有贏，一旦輸得家破人亡，又還想在在賭桌上拼上一拼，就牽扯到本錢的問題。自己已經不名一文，從哪裡得到本錢？賭徒們的思路就會越想越寬，越想越邪，越想越歪。

如果你知道你的身邊有什麼嗜賭成性的人，我想還是和他保持距離吧！

賠了夫人又折兵

年僅二十五歲的粉領族海英在網路邂逅了一名「白馬王子」，深陷情網。為討好心上人，癡情的海英毫不猶豫地挪用了公司資金近一百八十多萬元。海英被檢察官起訴，求處有期徒刑六年，但她當庭沒有提出上訴。直到落入法網，海英才知道心上人原來只是一個無業遊民，與自己交往就是為了錢。

二〇一〇年，老闆把公司的業務都交給了海英，公司的貨款也全部由她經手。她上網認識了一個自稱是「小唐」的網友，兩人從網上甜言蜜語，很快發展為電話訴衷腸。後來，小唐還大老遠地專程來看海英，給了海英一個大大的驚喜。當天，小唐就住進了海英家裡。過了兩天恩愛的日子，小唐稱公司有事要忙，便先離開了。回味著幸福的滋味，海英一直不能自拔，她又主動匯了六千元給小唐。沒過幾天，小唐打電話說他要學開車，向海英要了二萬元，過沒幾天，又說他母親生病向海英借了六萬元。海英都答應了，並為此挪用公司的現金貨款。

小唐再次去看望海英，讓她喜出望外，陪他盡情地遊玩、娛樂。這一切當然都是海英用公司的錢買單，兩人的感情也進一步升溫。小唐臨走時，與海英依依惜別，但也沒忘了告訴她，自己要跟一個朋友合夥開一家建材公司，需要資金，讓她幫著從公司帳上「借」些貨款給自己用。被愛情沖昏了頭腦的海英，一點都沒有多想，當時就同意了。

沉浸在溫柔鄉裡的海英沒有想到，她的美夢已到了盡頭。二〇一一年十月底，海英的老闆出國回來了，發現了公司財務中的漏洞，馬上向檢調單位報了案，警方逮捕了海英。與警方的配合下，很快將公款使用人小唐抓獲。據小唐供述，他今年二十八歲，無業，終日在街頭遊蕩，沉迷於賭博，並欠下大筆賭債，被債主逼得無處躲藏。正當一籌莫展之際，他在網路認識了海英，沒想到這個女人對自己一見傾心。於是悲劇就發生了。

賭徒們往往會不擇手段地獲取他們想要得到的東西，所以，認清這些人的真面目，是最關鍵的一步。另外，如果你沒有和某人有很深的瞭解，千萬不要把他當成貼心的人。

女賭徒離婚

我聽過這樣一個故事。某位江小姐拿著離婚協議書與丈夫盧先生來到法院，對法官說他們雙方要求離婚。因夫妻雙方都同意，依據相關法律可准予離婚，法官拿出離婚筆錄要兩人簽字。

但江小姐咬著牙簽過字後，突然說一句「以後我什麼事都不用你們管了，我也不想活了」，接著便含淚跑出法庭。明明是江小姐和丈夫自願離婚，而且既然同意離婚又為何要尋死呢？法官感到事有蹊蹺，於是決定把離婚程序暫時往後推，並派人到江小姐家中瞭解情況。

原來，江小姐與盧先生婚後生了兩個兒子，且夫妻感情一直都不錯。近兩年來，江小姐漸漸染上賭博的惡習，終日沉迷而疏於對家庭的照顧。對此丈夫盧先生已經不止一次地勸阻她，但都沒能把她從賭博的泥沼裡拉出來，為此兩人還經常發生爭吵。

賭博「十賭九輸」，江小姐把丈夫日夜辛苦賺來的錢都輸光了，最後不得不依靠借錢來滿足自己的賭癮，兩年下來，已經背上了幾百萬元的沉重債務。苦心經營了十年的幸福家庭，因自己好賭慢慢走到了崩潰的邊緣，為了不連累自己的丈夫，同時也為了使丈夫得到解脫，江小姐是以夫妻感情破裂，逼迫丈夫與其離婚，然後準備一死了之。

瞭解上述情況後，法官大為感嘆，對江小姐是哀其不幸，怒其不爭。隨即將情況告知盧先生，得知妻子只是為了不拖累自己才要離婚並輕生，盧先生大為感動，回想起多年的夫妻恩愛，盧先生表示只要妻子願意戒賭，他會原諒她兩人重新一起過日子。隨後，盧先生又通知江某的家人，在丈夫、家人、法官的多番勸慰下，江小姐終於打消輕生的念頭，撲倒在丈夫懷中嚎啕大哭，答應丈夫以後一定會戒賭改過自新。

好在這個事情最後是以大團圓的結尾收場了，不過我覺得這種結局在賭徒的家庭生活裡，只能是微乎其微了，家破人亡、妻離子散的故事我們不知道聽了有多少了。所以，如果你的身邊有愛好賭博的人，一定要勸他們走上正道。

第11種人 披著羊皮的狼

這種人通常披著精美的外衣，但是依然不可能掩蓋他們污穢的心靈，也許會對你造成傷害，或許會拖你下水。

美女降英雄

我們身邊的朋友，常常是各種不同類型的人：性子急的、個性慢的；有的吃軟、有的吃硬；有喜歡甜的、有尬意酸的，等等不一。如果你的朋友是個好色之徒，那你一定要注意了，哪天做出什麼錯事來，或許就會讓你跟著倒楣。

好色，真的是一個容易讓人犯錯誤的毛病，所謂「英雄難過美人關」，有多少本來堂堂正正的男子漢都因為貪圖紅顏，而犯下滔天大禍。

明崇禎七年，薊遼總都洪承疇在松山戰敗被俘，為了籠絡人心，清帝皇太極派人勸降，但洪自視為大明忠臣，寧死不降，數日不食，使皇太極大傷腦筋。一天皇太極因無計可施，無精打采地回宮休息，莊妃博爾濟吉特氏問：「國主大敗明軍，震驚天下，為什麼長吁短嘆起來？」

皇太極將勸降洪承疇的策略說了一遍，然後嘆道：「我想征服中原，還想招降明朝將領，無奈這洪蠻子軟硬不吃。」

「他愛吃哪口，給哪口，還會有不降的傻瓜。」莊妃說。

皇太極頻頻搖頭道：「難、難、難！什麼都用過了，他越來越硬。」

「死也不怕？」莊妃似乎不信了。

「這倒不見得。」皇太極說，「我派范先生去勸他，說盡厲害，他都不為所動。不過范先生說，在他與洪承疇談話時，洪幾次拂去落在衣袖上的灰來看，他並非不貪生，只是一時我們找不出更好的辦法來。」聽了皇太極一席話，莊妃開始建議怎樣降洪之策，並開始詢問洪的身世、脾氣和愛好，當聽說洪最愛美色後，微微一笑，請求自己去試一試，皇太極答應了。

皇太極對洪承疇是很禮遇的，雖是俘虜，卻奉為上賓，因為他要收服洪承疇，而洪承疇則表示誓死不肯降清。連日來輪番勸降，已讓洪承疇感到異常疲憊和惱火，他壓抑住內心的不愉快，盤坐在床上，設想自己的結局。而這個時候，莊妃來到了他的面前。

莊妃攜了一個壺，獨自走到禁閉廳，見洪承疇已閉目養神，一副凜然不可侵犯的神態，乃細聲問：「此位是洪將軍嗎？」嬌滴滴的聲音猶如出谷的黃鶯。洪承疇是個英雄，什麼威逼和利誘，都毫不動心，唯獨對於聲音婉轉，噯氣如蘭的女人特別敏感，不知不覺地把眼張開，咦！怎麼有這樣一個美人兒來了？

莊妃本來就是個美女，此來又故意地打扮了一番，就顯得更加美麗動人。洪承疇乃正色問：「你是什麼人？誰請你來的？有什麼事？」

莊妃深施一禮說：「洪將軍，我知道你是忠心耿耿的大忠臣，佩服你，可是你死都不懼，還怕我一女子嗎？」說時嫣然一笑。

聰明的莊妃看了看洪承疇，接著說：「你且不要問，我此來是一片好心，想拯救你脫離苦海！」她既莊重，又嫵媚地說。

「什麼？你拯救我？想勸我投降？我心如鐵石，絕不歸順！」洪承疇說完，就開始猶豫了。此時聰明的莊妃看出他已動搖了，又用話挑他：「決志殉國，將軍可謂忠貞不二，無愧臣節。但在我看來，卻是笨得可以。」

「什麼，照你所說，難道失節投降，反是英雄好漢？」

「將軍，不是我說你，你身為國家棟樑，明朝對你的希望正殷，這樣輕輕一死，得了一個虛譽，究竟對國家有何補益呢？如果是我的話，會忍辱一時，漸圖恢復，所謂忍辱負重，伺機報君，方不負明帝重託，百姓仰望。斷不會這般輕生，效匹夫匹婦所為！不過壯士各有志，勉強不得。」

洪承疇雖然等死，但血脈格外暢通，此時見莊妃如此，既醉其美貌，又服其見識，因此心中忐忑，莫知所之，牙齒開始發酸，欲火已冒上了眉尖。這時莊妃又說：「將軍死後，有什麼話要轉告家人否？我兩人既然相遇，亦是一段緣分，我無論如何有此傳遞的責任！」

洪承疇聽說，眼淚又流出來了，她再掏出香帕來，迎身靠過去替他拭淚：「將軍，不要傷心，看把衣服弄濕了。唉！我也捨不得你這樣離去的！」

一陣脂香粉氣，美色嬌態，襲擊而來。洪承疇這時已欲火旺熾，把死置諸腦後，一把將她摟住，說：「只要毒藥遲延一刻，就是死在牡丹花下，做鬼也風流！」於是一個貧賤不移、威武不屈的英雄豪傑，不裹屍於戰場之上，殉節於刀鋸之下，竟栓縛於裙帶之中。天明，這位曾經為萬民景仰，饗過大明國祭的經略大臣、將軍洪承疇已入朝參見清太宗了。

和這樣一個人交朋友，你會有什麼感覺？

小心花心鬼

和一個花心的人談戀愛，能有結果當然是好事，大家都替你高興；但如果以失敗告終，周圍的人也許就會給你謠傳出各種各樣的離奇故事，給你造成無形的壓力，使你與你從前的戀人相遇時都覺得尷尬，最終以兩人的分離而告終。所以很多人有意避免這種愛情。

小黛大學畢業後進了一家跨國公司在臺分公司做祕書，經理是耶魯畢業的ＭＢＡ，長得很清秀，三十多歲了還沒結婚。因為小黛和他同在一個辦公室工作，而公司的事情也不是太多，所以經常天南地北地聊，話題自然越扯越遠。其實小黛知道他除了有女朋友外，身邊還有其他女孩子，對女人很花心。但是小黛並沒有想和他進一步交往，就是喜歡他，希望每天能看到他，對他好，他也說挺喜歡小黛的。

後來小黛由於某些原因和公司一個同事起了爭執，回到辦公室眼淚就掉下來了。他邊撫摸小黛的背部邊開導小黛，使小黛最後破涕為笑，這時他趁小黛不注意時吻了小黛，小黛發現自己真的很喜歡他，竟然沒有怪他太輕浮。

接下來的長假，他很頻繁地打電話給小黛，甚至還告知他的去向，當時小黛也沒想太多。上班以後他突然問小黛想不想他，還問小黛為什麼不打電話給他，最後他還問小黛做他的女朋友好嗎？這是小黛沒想到的事，雖然小黛知道他很花心，但小黛就是喜歡他，所以小黛答應了，小黛就和他談起了所謂的辦公室戀情，沒人知道的戀愛。

開始時小黛真的很開心，但後來他花心的毛病令小黛好幾次都很生氣，也一個人哭過好幾次，但是每次他都很誠懇地跟小黛道歉，哄小黛開心……。直到春節，他就只給小黛打了幾個電話，小黛以為他應酬沒時間，也就沒怎麼在意。節後上班他對小黛的態度很冷淡，有些事也不和小黛講了，對於過年的事一個字也不提。小黛是一個很敏感的人，感覺他不像以前那樣關心自己，小黛覺得他不再喜歡自己了（可能他從頭到尾就沒喜歡過小黛），他還說小黛不夠體貼。

一次，小黛公司的一個女同事偶然知道，原來他過年的時候，認識了一個女孩子，並且已經和她發生了關係。一星期裡很多天都去她家過夜，買了手機、昂貴的化妝品給她，而且陪她過情人節。同事還說她是個狐狸精，他是被迷住了。小黛當天回去以後大哭一場，一夜沒有睡著，小黛沒想到他會對那個女人那麼好，而對小黛卻吝嗇得連一起過情人節都不肯。

輾轉反側，想了一夜，小黛終於明白，他本身就是很花心的人，江山易改，本性難移。和自己交往後還背著自己去和別的女孩在一起，卻仍然騙自己他沒有空。其實他從來就沒真正喜歡過自己，小黛決定盡早地離開他。剛分手的時候肯定會很痛苦，但是長痛不如短痛，時間可以沖淡很多東西。

不要一頭栽進去。如果你和花心帥哥僅止於花前月下約會幾次，而你們其中一人已打算中止戀情，你們仍可以恢復成普通朋友的關係而不致於有太大的副作用；但如果你們一開始就已經纏綿悱惻，那麼想不受他的影響，就非那麼容易了。

打異性下屬主意的主管

好色的主管經常會打異性下屬的主意，常常會給下屬帶來無端的煩惱。他可能會要求你與他尋歡作樂，把人推向可怕的桃色事件漩渦。

不久前，一位剛剛應聘到某公司的雷女士打電話向報社編輯部尋求應急辦法。她說，她是一個天生麗質的女人，從小到大不知受過多少人的讚美，也不知得到了多少女人羨慕的目光。自己也曾不只一次為自己的美貌而自豪。可是最近她越來越為自己的美麗而苦惱。前段時間，她連續應聘了兩家公司，也不知是湊巧讓她遇到了兩個好色男人，還是她的美麗惹的禍，上班沒多久，主管就對她開始有了非分之想。她是個已婚的女人，每天要在外面應對這種「色」男人，真是煩透了。

有的職場女性還經常碰到這樣一種情形：主管突然有一天緊緊牽住你的手，並深情地注視你……，這些都是好色主管對下屬有非分之想的表現，這種不受歡迎的行為是「令人尷尬」、「粗俗的」或「欺負人的」。據有關資料顯示性騷擾問題日趨嚴重，現在已有針對性騷擾的談話節目在媒體上播放。被騷擾的下屬，特別是女性下屬，大部分採取迴避逃跑的方式。當然，其中還有別的因素：害怕、驚慌，習慣了被性騷擾，不好意思或怕醜聞，不知可以做什麼及覺得於事無補、怕麻煩等。一個職業女性遭受性騷擾後在心理、情緒、健康等方面受到的傷害是不可忽視的。

假如同性主管要求你與他一起到外面尋歡，你不必以道德價值去評斷他的行為，只需婉轉地告訴他你已經有對象了。這種拒絕不會使他反感。

對付異性，正確的做法是要積極爭取同事及家人的支持，不必因為害怕失去同事信任或惹來取笑和歧視，而默默忍受騷擾。

通常那些無恥之徒自己都會心虛，怕被大家得知，若他知道你在公司有很多朋友及同事支持，便不敢貿然打你的主意。因此，最重要的是你能在辦公室內建立團結、合作及信任的關係與工作氣氛，便能廣泛獲得同事的支援。有了這麼多同事的支持，一個聰明的女下屬不應像傳統的女性那樣，被男人多看一眼就如臨大敵，更不用說面對好色的主管，那她就只能天天如履薄冰吧！她應該能對一般的情況加以應對：可以完全不動聲色，帶著一本正經的表情抽出自己的手，然後談完該談的事情平靜地轉身離去。此後的幾天，無論你們曾經多麼的熟悉，都要給他一個極其禮貌和客氣的笑容，然後就像一切從來沒發生過。這樣的漂亮女下屬，無論是精明的主管，還是昏頭的主管，他們都怕，因為摸不著深淺。

如果好色主管對你圖謀不軌，你要堅定地拒絕，並明確表示你的不滿，當有人第一次主動要與你有親熱接觸時，你可以說：「我不喜歡你做的事！」第二次則說：「這是你第二次談論這種事情，我不喜歡，也不感興趣，我要你馬上停止！」第三次：「我已經一再地告訴過你了。這是最後一次我對你說：不！」

你如果膽子小，指望著他能主動退出這場遊戲，就大錯特錯了。你的遷就只會讓他壓抑的「色心」順理成章變成了「色膽」。一般情況下，如果那個男人真的對你有情，他就不會太絕情，打擊報復的事情基本上是不會做的。如果原本就是一時興起的糾纏，他更不會用心太久。所以猶猶豫豫半推半就，只會給自己的將來留下不定時炸彈。

少和老闆外出

當主管頻頻邀你外出的時候，即使他真的沒有非分之想，那你也要小心注意，因為這往往是使你們以後產生不尋常關係的前奏。

艾瑪在一家規模很大的醫藥公司做銷售。這是一份極具挑戰性的工作，無論是在與人的溝通、對專業知識的掌握、對市場的把握上，還是在體力的支配上，都要經歷不同尋常的考驗。艾瑪常常是幾個小時前還在回客戶電話，幾個小時後就飛到別的城市了。在公司，每個人的銷售業績都是公開的，當你總是達不到公司定額的時候，你會感到有一種無形的壓力。當你承受不了這種壓力時，也就是你該離開公司的時候。所以艾瑪做得很賣力，業績一直節節攀升，因此大受主管、銷售部經理的青睞。

艾瑪剛進公司時，就碰上了一個相當重要的國外大客戶。談判一開始，對方就拿一些國際慣例跟她談。由於雙方文化背景、思維方式、運作方法的不同，談判很快進入了僵局。但是艾瑪絕不輕言放棄，她一遍又一遍地研究對方的資料，挖掘對方的弱點，用自己的認真和敬業來感化對方，一星期下來，談判終於成功了。艾瑪也欣然接受了老闆出去吃飯的邀請：「我當時的心情真可以用眉飛色舞來形容。在主管面前也顧不上矜持。吃過飯，他邀我去跳舞，我也毫不猶豫地答應了。」

之後老闆便經常請艾瑪吃飯、泡酒吧、打保齡球、桌球，多半是藉口慶祝艾瑪的出色表現和業績。有時艾瑪並不想去，但看到他那誠懇的眼神，又想想他是自己的主管，艾瑪就不好意思再拒絕。而老闆每次出差都會給她帶回些別緻的小禮物，這當然逃不過外人的眼睛。一來二去，難免有人在背後議論艾瑪和她的主管，這其中不乏對艾瑪的出色表現心懷妒忌者。老闆聽後淡淡一笑，艾瑪卻苦惱不已：相戀兩年的男友聽到傳聞後深信不疑（因為艾瑪時常晚歸和失約）。他揣測好強的艾瑪一定是利用了主管才做出那麼好的成績的。任憑艾瑪怎麼解釋他也聽不進去。而老闆眼眼神裡的曖昧也是艾瑪一想起來就煩惱的。

其實，在公司裡這是一種普遍現象，許多白領女性都經常會遇到這種情況，那麼怎麼辦呢？要學會拒絕，要掌握說「不」的藝術。

微笑是最好的回答。當你遇到一個需要立即表示否定的問題時，微笑是說「不」的最好方式。李小姐的主管約她去吃晚餐，李小姐沒有直接回答，只是微笑著欲言又止狀。「你有約會啦？」主管揣測地問。李小姐微笑著點點頭。「喔，真是對不起！」雙方在微笑的氣氛中完成了默契，並沒有留下令人尷尬的印象。

「幽默」也是一種說不的絕妙方式。小芳是一位活潑可愛的女孩，很受大家的喜愛。她與大家都保持著一份純真的友情，而她的主管卻對小芳一往情深。在一個月色迷人的夜晚，兩人坐在露天咖啡館的圓桌旁，品嚐著濃香沁人的咖啡，主管突然雙手握住小芳的手，激動地說：「你願意做我的女朋友嗎？」小芳馬上反應過來，淺淺地一笑說：「我難道不是你的『女朋友』嗎？」主管驚訝不解地望著她，小芳說：「我們是朋友，而我又是女孩子，我當然是你的『女朋友』啦！」主管立即明白了小芳話裡的涵意，放開她的手說：「是喔，你就是我的『女朋友』。」

作為女性，無論什麼時候都要有自己的原則，工作中應該學會服從主管的安排，但其他方面更要學會以誠相待，不卑不亢。拒絕主管並非一定是壞事，許多時候能讓主管發現你的成熟矜持和個人尊嚴，讓他對你產生敬重，也有助於抬高你在他心中的地位。

無孔不入的「性騷擾」

好色的主管常常會給下屬帶來煩惱：他可能會要求你為他向太太隱瞞事實，若是同性，他可能會邀請你與他同流合污，一同作樂；若是異性，更糟糕的是他要打你的壞主意。要應付這種主管，你不能對他大義凜然地加以斥責，除非你準備辭職不幹。

小媛原來在一家大公司的總經理辦公室當祕書，老闆是個事業有成的男人，白手起家，做到現在資產上億。但卻是個色狼，以擁有女人為榮。小媛一開始不知道，可是公司好幾個和小媛年齡不相上下的女人都受過他的侮辱。當然，她們當中忍氣吞聲留下來的人，有的得到了高收入、別墅、汽車，還有的現在已經成了部門經理。

剛開始他對小媛很關心，小媛以為老闆平易近人，還慶幸遇到了個好老闆，後來時間長了，小媛覺得他對自己越來越親暱。有時他出差，給小媛帶香水、化妝品，偷偷給小媛的時候，還說一些曖昧的話。小媛心裡明白，有些東西能要，有些東西是不能要的，所以小媛總是保持距離。小媛經常從他帶回來的禮物當中挑最便宜的一樣，剩下的讓他給他太太或者送給別人。小媛明白所謂老闆對員工的「感情投資」是什麼，但是，說到底那也就是一種工作關係，沒有別的私情摻雜。

有一天，他們加很晚了，他非要送小媛回家。路上，又說要到酒吧去喝一杯，小媛不好意思拒絕，一起去了。結果，那天他說了很多曖昧的話。小媛那時候還不知道他的為人輕浮、不負責任。小媛還特別矜持，說什麼「保持良好的合作關係」之類的，希望他「不要胡思亂想」。當時，如果小媛知道他本身就是一個渣男，小媛早就賞他巴掌了。他喝了酒就不檢點，小媛一直躲閃。

那天，小媛是被他送回家的。在小媛家樓下，他突然使勁抱住小媛，親小媛的臉，小媛使勁推他。結果，這一幕被來找小媛的男友看見了。小媛說不清楚，小媛說什麼男友都不信，男友認為他那麼有錢，又是小媛的老闆，認定小媛和那個男人有關係。小媛過了一段非常苦的日子。男友不信任，老闆又不斷地騷擾小媛。他經常在半夜裡往小媛家打電話，不管誰接，他就說他想小媛，讓小媛去找他。好幾次被男友聽見，就更沒法解釋了。

小媛曾經去找老闆據理力爭，他說：「我怎麼了？誰不知道我們要好？不然，我一個老闆，出國為什麼給你帶禮物？」小媛求他，說讓他別騷擾自己了，他說：「你為什麼不理我？我對你那麼好，還得不到你，你要我怎麼辦？」世界上有沒有這麼壞的人？小媛確實見識到了。

最後小媛辭職，相戀五年的男友也分手了。一個女人，失業一年多，生活之難是可以想像的。不過，到今天小媛也不後悔，沒有什麼能讓小媛放棄自己的尊嚴。人活在世界上憑的是什麼？小媛覺得是憑一口正氣。

從一開始小媛就該意識到主管有意騷擾，那時就必須明確表示自己的態度，告訴他：「我很尊重您，請您也能尊重我！」「我一直將您當作我的長輩一樣看待，請您自重！」而不該妥協，那樣就等於縱容，以致日後惹來更大的麻煩。只要不拍桌離去，表明自己的態度就行了。事後面對他時也應該裝作若無其事，做到這一步，絕大多數主管是會知難而退的。

言語騷擾

曾經被「黃色笑話」騷擾的朋友，可能或多或少會心情煩躁、噁心，嚴重者會有強烈的羞愧感與自責心理。這對我們的心理健康是很不利的。本來被騷擾者由於「騷擾事件」，心理上產生極度的憤怒情緒，這股巨大的能量如不能釋放，留存在內心，勢必造成對自己的「傷害」，逐漸形成「我是不好的」等自卑心理。一定要及時找一個安全環境，或知心朋友傾訴，將壓力盡可能釋放來保持心靈健康。積極應對才是對付這種人的最佳心態。

不知從什麼時候開始，一股「葷風」漸漸浸淫了我們的生活。從最初的委婉含蓄，發展到後來的赤裸露骨；從最初的茶餘飯後，發展到後來的餐桌、辦公室；現在，連手機訊息都難逃厄運。

我們部門的阿薛就是一個典型，他經常色瞇瞇地混在女同事之間，對女同事說些下三流的「黃色笑話」。被他的「黃色笑話」調戲過的女同事都對他都咬牙切齒，無一不想狠狠地想對他踢上一腳，無奈此君臉皮厚得另人吃驚。

剛休完產假第一天回來上班的萍姐在午休時興奮地說著她家的小公主，幾個未婚的女孩子也圍著她七嘴八舌：「萍姐，身材沒有走樣，保持得不錯喔……」一群女人湊在一起，就總是沒完沒了地聊著女人的話題。

阿薛嬉皮笑臉地向她們靠近：「都在說什麼啦，是不是在我背後說壞話？咦，萍姐，那麼快就放完產假啦？」邊說著，阿薛的雙眼就賊溜溜地在萍姐身上掃個來回。最後，他的雙眼停留在萍姐豐滿的胸部上。

「萍姐，有沒有用母乳餵嬰啊？很有營養的喔。」阿薛似笑非笑地看著萍姐的胸部說。

萍姐瞇著雙眼說：「當然有，難道你媽媽不是母乳餵養你？」

「呃，我都忘了。」阿薛竊笑著，隨即又說，「有母乳餵嬰真好啊，不過，萍姐，可要當心地心引力哪！你們這些正妹也是，女人最害怕的就是地心引力呀！」阿薛放肆且又裝得毫不在意地掃了在場每一個女孩的胸口。

一個女孩早已看不慣他的一貫行徑，只是苦於沒有機會，現在機會終於來了：「喲，就只女人害怕，你阿薛作為男人就該得意了是不？」邊說邊用眼斜盯著阿薛的褲襠，「我說阿薛啊，該注意地心引力的還是你們男人啊，這可關乎家族繁衍問題呢！姐妹們，你們說是不是啊？」隨即哄堂大笑，阿薛的臉青一陣白一陣的。

有一隻手舉起來，是一向文弱的小娟，她怯生生地問道：「不好意思，阿薛，我有個小小的問題想問。」

「嗯，你說吧，我一向對好學的正妹有好感，我言無不盡。」對阿薛來說，此時正是解開尷尬的大好時機，順便賣弄一下才華。

「我想問地心引力對人體會有影響嗎？它的作用功率是多大呢？是否受地球磁場的干擾？跟體重是否成正比？不知跟年齡是否有關係？」小娟一手拿筆記本，一手執筆，準備作記錄。

阿薛愣了，站在那裡，沒想到小娟竟然問這樣的問題。「（我怎麼知道，早知道今天就不該說什麼地心引力）各位正妹，我忽然想起要去見經理，時間到了，我得先走了。」阿薛說著就想抬腳走人，被站在他旁邊的萍姐抓住。

「阿薛，來，坐下。」萍姐把阿薛按在椅子上，用雙手搭著他的肩膀。「萍姐跟你說幾句話，聽了你再上經理那兒去。」

「萍姐，你請說吧。」阿薛哭喪著臉。

萍姐語重心長地說：「阿薛呀，要記住，今天萍姐跟你說的關乎到你的人生大事甚至是國家基本國策之一。日後娶了老婆，要計劃生育優生學，當心地心引力。」萍姐拍拍阿薛的肩膀，「去吧！」

哈哈哈……同事們都笑彎了腰，阿薛灰頭土臉地溜了。此後，再也不敢在女同事間隨便講黃色笑話了。

幾招中止「黃色笑話」的騷擾及事後處理對策：

①忌忍氣吞聲，應勇敢面對、主動揭發：很多類似的被騷擾者在遭遇騷擾時，因為擔心丟臉等因素，比較容易採取容忍、息事寧人的做法，而這樣姑息養奸，

只會進一步助長了騷擾者的行為。實際上，騷擾者的心理是弱勢的，只要稍稍給一點「顏色」：正面警告、向主管報告、或報警，對方基本上會收斂行為。

②用「空椅法」將憤怒還給騷擾者：被騷擾者最安全的方式，是用「空椅子」方法發洩內心憤怒、釋放壓力。做法很簡單：選擇在家裡，或安全的地方，先用兩個枕頭或墊子代表騷擾你的人，然後想像被騷擾時的畫面、情緒、感覺，待這些情感（憤怒、羞愧感）升起時，對著空墊子怒吼、手掐、擊打，直到心中怨氣發完為止。隨時若有屈辱或憤怒感產生，及時重複上述做法，這種方式能較好的釋放壓力，保護自己。

③加入「反騷擾」支持團體：現在，西方國家有許多支持「保護心理健康」的成長團體，在團體裡，成員間彼此交流、傾訴、分享、成長。實際上，在我們的生活圈裡，也可建立或加入「反騷擾」聯盟，一群有著被各種形式騷擾的同仁，共同面對被騷擾後的心理困擾，學習增強自我價值的方法。更重要的是，這個團體能發揮影響力，防患於未然，給更多的弱勢個人及團體成長的力量與智慧！

黃色笑話

幾乎每一個人的身邊都免不了會出現一兩個愛講「黃色笑話」，無聊當有趣，毫不考慮他人感受的人。

麥基是一位未婚男，卻是辦公室裡最愛講黃色笑話的人，他經常在大家面前肆無忌憚地「開黃腔」，而且最讓人難以忍受的是他好像有無窮盡的「黃色笑話」可講，從不重複。只要你一不小心觸到了他記憶的某個「興奮點」，他可以滔滔不絕地順嘴一路「溜」下去，並自認為非常「經典和幽默」（的確有些還挺有創意）。

小劉還沒有結婚，當然忍受不了異性如此赤裸裸的「黃色幽默」。有次善意提醒他，沒想到給他一句惱人的話硬生生頂了回來：「你們臉紅什麼呀，一個個都是未婚青年享受已婚待遇……」想跟他翻臉，怕傷了同事間的和氣；不吵，難道真的要這樣面紅耳赤地一直聽下去？

蔚姐是個漂亮且有氣質的女主管，給人的感覺特別舒服，但她有一次居然帶頭說了好幾個「黃色笑話」，當時在場的下屬真的很驚訝，總覺得這麼美麗、有氣質的人是不應該這樣的。時間久了，小劉對「黃色笑話」越來越反感，為什麼呢?不就是針對人的某些敏感和隱私的部位尋開心嘛!說來說去，就是無聊。

怎麼對付「黃色笑話」呢?下面是一些朋友的建議。

①勇敢的抗爭：正因為講「黃色笑話」時有熱心聽眾，所以像小劉這樣的反對者一直處於弱勢。但是有時弱勢聯合起來也能形成氣候。不久前，一位男同事從國外度假回來，帶回一籮筐的「黃色笑話」。他在別的辦公室「炫耀」時博得哄堂大笑，當到另外一邊時，應者寥寥，他很知趣，只講了一個便離去了。

②區別對待：如果對方並非心存惡意，那就不必看得過重，大可一笑了之或乾脆「點破」，使之無以為繼。但如果對方是故意甚至惡意在某些場合營造一種「腐化」氣氛，從挑逗到「吃豆腐」，甚至嚴重到性騷擾的地步，那這種黃色笑話的性質就完全改變了。對他們，我們就應該理直氣壯地抵制、抗議直至追究責任。

③小心「黃色笑話」陷阱：如果再碰上無禮的人大講「黃色笑話」，聽不明白之處千萬不能問；要是講的人開口提問，也千萬別接話，這算是一種被動的自我

保護吧！善用銳利的武器：眼光。飯桌上有人笑嘻嘻地大講「黃色笑話」，因為他年紀大、互相又不太熟，在場的小姐一時面紅耳赤，他倒是更起勁了。但如果在場的小姐用眼光緊緊盯著他，這一招挺管用，最後他竟然有些不好意思地住了口。這樣做，既反了「黃色笑話」，又不傷感情。

④以毒攻毒：主管講起「黃色笑話」就像抽煙一樣上癮，我們在被動吸煙的同時，還得被迫接受。有時可以半開玩笑地對他說：「這裡有小女孩，你少放毒好嗎？」然而，主管偏偏喜歡小女孩在場時散布黃色笑話。這時可以對他講大家都匪夷所思的一段話，這大概是一個很毒的「黃色笑話」吧！主管也會連稱「買帳」。以後，每次他的黃色笑話剛開頭，就可以被你篡改成制伏他的「黃色笑話」，他終於投降了，不敢再胡言亂語。

讓說下流話者漱口

有種人心地不壞，有時還樂於助人，但就是愛講話調戲人。說話絕不沾半個黃字，但卻有意無意著「顏色」。讓人哭笑不得，又著實討厭。

我曾經認識一位男性，五十來歲，看上去就讓人覺得是個溫和忠厚的長者，能力也很強，而且樂於助人，平時工作上有問題向他請教，總是能得到滿意的答覆。但就有一個毛病，看見女同事（特別是美女）眼睛就賊亮賊亮，整天滿嘴下流話。他一講下流話，有個女同事叫花花就不爽，見花花容易生氣，他更是喜歡逗花花，對他狠也不行，不狠也不行。

有一天他到花花桌上插手機充電（其實我們每人桌上都有個插座），對她說：「我插到你那兒了，你那兒空著也是空著……」

旁邊的人各自暗笑，花花氣壞了，又不好不給他插。辦公室沒人時花花軟語相求：「我很尊重你，把你當老大哥看，請你以後不要再當人面講那些話了。」

他嬉皮笑臉地說：「好好，不當人講，私下講行吧？」好容易嘴巴乾淨了一天，到了快下班時又湊上來了：「喂，我今天一天什麼也沒講吧？」搞得人哭笑不得。

部門辦一個大型活動，花花為工作和他多談了一點，他又心血來潮說：「我幫你有什麼好處？這回一定要兌現了吧？」真想臭　他一頓，但畢竟是同事，以和為貴，不好翻臉。有一天花花對辦公室的一位女同事講了這事，她說：「你不要生氣，你一生氣他更得意，碰到這種男人，只要有一次叫他下不了臺，他就老實了。」

不久，收拾他的機會來了，但不是花花，是那位女同事。這天，他當面和那位女同事說下流話，不知怎麼說到了脫衣服，本來就很潑辣的女同事拍著桌子說：「你先脫！脫一件我給你一千塊！你脫呀！」說著將十張千元大鈔摔在桌上，那老傢伙經這一下驚了，這天可真是大快人心呀！

今年過年他打電話來給花花拜年，花花當然還是高興，只是不知道是不是黃鼠狼給雞拜年。花花時時擔心這人會升為自己的主管，到那天她只有遞辭呈這條路了。因為一旦他手上有了權，下流話就不僅僅是下流話了。

有沒有一種既有效又含蓄的辦法對付這樣的人呢？建議大家用如下的方法來對付那些靠開黃色玩笑打發上班時光的男人。

①裝傻：他們說他們的，你不理睬，但臉上可以帶點寬容的微笑，不必板著臉。這一方面可以顯現出你的修養，一方面可以表示絲毫不接受暗示。

②微惱：在他們說的過程中，溫和地罵上幾句，或者說「不要臉」、「不像話」，總之不要真發火。

③還擊：遇到特別令人討厭的男人，可以毫不留情地進行還擊，不必有所顧慮。正如一些女人所說，只要有一次讓他下不了臺，他就老實了。對那些屢教不改的，可以在辦公室的牆上貼張「生活公約」，讓大家來共同監督。

見女人就瘋的男人

一個女人身處社會，面對性騷擾和不平等的待遇絕不能退避，也不能忍氣吞聲，這樣做就是縱容那些人對你的無禮侵犯。女人們能做的就是反抗，學會做個惡女，做個野蠻人。

年底，小蘭被公司調往美國分公司，做銷售經理助理。由於分公司是剛剛設立的，所以工作不多，很清閒，人也不多，所以小蘭心想在那裡工作應該很容易。可是小蘭錯了，因為女人在社會中比男人多了一個麻煩。

美國分公司就只由兩個部門組成：行銷部、財務部，小蘭作為行銷部經理助理來到分公司，主要的工作就是規範行銷部管理。分公司的人不多，除了小蘭以外，都是男同事，而且基本上是市場行銷人員，都是需要經常出差，所以常常是小蘭自己在辦公室裡。財務部經理三十多歲，一直沒能找到女朋友，在公司裡是出名的「見誰都瘋」，哪個女孩子和他多說兩句話他就以為人家喜歡他，就會展開追求攻勢，所以小蘭為了不使他誤會盡量避免和他談工作以外的事。但是小蘭這種敬而遠之的方法卻讓他很生氣，他開始向小蘭的主管告小蘭的狀，說小蘭不配合他的工作。經理找小蘭談話，說小蘭作為他的助理其實不便於過多涉及財務部的工作，主要是和他們溝通就好了，平時沒事的時候和他們多聊聊天。經理不瞭解情況，小蘭也不便於講明。

當天晚上財務部經理就打電話給小蘭進行「溝通」。小蘭不冷不熱地聽著他說，他開始說這麼大歲數了還沒有交過女友，然後就開始對小蘭說他找小姐的經過，還詳細地描述細節，小蘭忍無可忍掛掉電話。之後他晚上經常打電話來，小蘭都藉口有事匆匆地掛掉了。

原本小蘭以為他會就此甘休，沒想到他跑到總公司告小蘭的狀，還是講小蘭不配合他的工作。小蘭在總公司工作的朋友告訴小蘭他去告狀了，小蘭並沒有在意，小蘭想再蠢的主管也應該瞭解一下雙方的情況，不能憑一面之詞就作判斷。而出乎小蘭的意料，總公司的主管根本沒有瞭解事情原委，直接就讓小蘭留職停薪。小蘭很吃驚，第二天小蘭就衝到總公司進行申訴。而這個行銷部總監剛被提拔，正想把各分公司的負責人換成自己人，所以根本不聽小蘭的解釋。這個時候小蘭的一位老同事，人力資源部總監希望小蘭能過去幫他工作，小蘭考慮到在行銷部沒有前途了，便答應並且開始辦手續。

當小蘭把換部門的申請拿給行銷部總監簽字的時候，他一下子就發火了，說小蘭目中無人、不等著行銷部給小蘭安排工作。其實小蘭不是他的人，所以他根本沒想給小蘭安排，就是想讓小蘭求他，再給小蘭一個打擊。他認定小蘭是個不聽話的下屬，所以想把小蘭排擠出公司。但是他沒想到小蘭能去人力資源部，所以他一下子就發火了，他讓小蘭不是回美國分公司等待處理，就是請假，反正不讓小蘭留在總公司。這時小蘭仍然屬於行銷部，所以他仍是小蘭的主管。但小蘭再也不想回美國分公司了，他無法忍受那種性騷擾。無奈之下，小蘭找總經理反應情況。

當總經理找行銷部總監談話以後，他衝到小蘭的辦公室，對小蘭大吼大叫，說：「你不聽我的，去找他發薪水吧。」並且通知財務部停發小蘭的工資。那段日子對小蘭來說就像噩夢，開始只是因為小蘭不能忍受性騷擾，採取了消極迴避的方式，但是小蘭的退讓卻讓自己在以後據理力爭的時候失去了有力的證據。然後當小蘭再為不公平的待遇力爭的時候又碰到了一個獨斷專橫的總監，使小蘭的辯解與換部門的迴避在他眼裡變成了反抗與作對。幸好總經理沒有偏聽偏信，最終給小蘭換了部門。

小蘭心想做人還是要寬容一些，所以每次再碰到原來的總監，小蘭都會禮貌地打個招呼，可是他在多數的時候都是環視左右，假裝沒看見，從小蘭身邊走過。

害怕被開除或得罪人是大部分女性在遇到性騷擾之後，敢怒不敢言或長期忍受屈辱的一大原因。可以謀生的地方和部門很多，不要害怕因保護自己而得罪了某人，從此之後就會衣食無著。而對方只要不是一個良知盡失、不可救藥的惡棍，應該也還會有一定的廉恥心。所以當異性老闆或同事對你性騷擾時，你可以故意稱讚對方的人品，來誘使對方發現良知，不好意思再步向壞人的邊緣。藉此喚起對方的愧疚感，自覺中止輕浮的行為。也可以利用法律手段。當你無法擺脫對方的糾纏，或對方的性騷擾已對你產生了嚴重的傷害時，你應該當機立斷，向司法、工會、婦聯等職能部門投訴。使欺負你的傢伙得到應有的懲罰，同時也為自己討還一個公道。切忌不可一味地忍辱負重，這樣只能讓那些不法分子繼續胡作非為，傷害其他女性同胞。

第12種人 天地不容不孝子

這種人天良喪盡，連生他養他的父母都可以置之不顧，這本身就太可怕了。一個人連自己的父母都不愛，他還會在乎什麼人呢？

有悖人倫不可交

在日常生活中我們可能會遇到一些行為舉止惡劣乖張的親戚朋友。他們同樣也屬於不得不防的人。親情、友情都是人之常情，如果一個人的行為顯示出他在生活中處事的態度十分惡劣，那麼這種人是不能來往的。他們極端自私，為達目的不擇手段，並慣於過河拆橋、落井下石，因此這種人不可交。

蘇洵所著《辨奸論》說：「凡是做事不近人情的人，很少不是大奸臣。」並且引易牙、豎刁、衛公子啟方的例子為證。這三人何等人也？春秋時代，齊桓公由於有賢相管仲的輔佐而稱霸中原。管仲病危時，齊桓公去看望他並請教說：「仲父您病了，請問您有什麼話教誨囑咐我嗎？」管仲說：「我希望你離易牙、豎刁、常之巫、衛公子這夥人遠一些。千萬不要接近他們。」

齊桓公說：「易牙賣自己兒子的肉來孝敬我，說明他愛我勝過愛他的兒子；豎刁閹割自己來侍奉我，說明他愛我勝過愛自己的身體；衛公子啟方侍奉寡人十五年了，為了我，他父親去世他都沒去奔喪，說明他愛我勝過愛自己的父母。難道這不值得信任嗎？」管仲說：「人沒有不愛自己兒子的，人最親的莫過於父母，對兒子和父母尚且如此情薄，又何況對他人呢？」

過了幾年，易牙、豎刁、常之巫勾結起來作亂，他們把齊桓公的宮門堵住，不准任何人進去，在宮外築起三丈高的牆，斷絕他的飲食，準備將他活活餓死。齊桓公臨死時流著淚嘆息道：「唉！怨我沒有聽仲父的話，仲父是聖人啊！聖人看問題往往是很深遠的。」

例子說明行為舉止有悖人之常情的人，都屬於你不得不防的人。如果這些人恰巧是你的親戚朋友，趁早遠離他們，否則早晚給你帶來難纏的麻煩事。

生前無人問，死後被「關注」

自私的人，他可以沒有親情，沒有孝心，沒有道義。私心過重的人，令人不可理喻，難以相處。

美國羅克曼公司董事長哈桑．歐皮爾，他的妻子在多年前過世，哈桑念及與愛妻的一番情義，一直鰥居。哈桑家產達千萬美元。他有兩個子女，都已成家立業，各自經營著一家公司，財產比哈桑略遜一籌，但也都在百萬美元左右。

某日老哈桑感冒，發燒達三十九度。他住院時親朋好友不時去探望，但兩個子女和孫輩沒有一個人看他，只有僕人和護士照顧。他很不高興，想起老妻不禁老淚縱橫。醫院裡有一位老護士密倫．肯南小姐，對他卻無微不至地關心護理，甚至在下班後也照顧他。老哈桑感動萬分，他對老護士說：「親愛的密倫．肯南小姐，你細心的護理，關切的體貼，使我不禁想起了自己的老妻，她在世時，就是這樣關心我，我真捨不得離開你啊。請你原諒，我說到哪裡去了。」老哈桑鍾情地望著老護士。

密倫．肯南小姐是個對醫務工作非常盡責的護士，她不僅對哈桑先生如此，對其他病人也是。她是個老處女，年輕時，由於長得醜陋，只有一次戀愛經驗，分手後她專心在事業上，不再談戀愛，今年已經四十九歲了。哈桑．歐皮爾病好起來後，密倫小姐扶著他走路，哈桑．歐皮爾突然深情地轉過頭來對密倫．肯南說：「親愛的，嫁給我吧，我感到只有你這樣的賢妻，才能陪伴我。你嫌我老嗎？」密倫冰久的心靈有點融化了，她輕聲地說：「我長得醜，不配。」哈桑．歐皮爾忽地抱住了密倫．肯南：「親愛的，你臉雖不美，但心卻很美，你是一個美人兒。」

就這樣，在哈桑出院的第二天，他們去教堂舉行了結婚儀式，晚上請來數百個親朋好友飲宴歡慶。舞會散後，哈桑．歐皮爾先生和新娘密倫．肯南小姐準備進入洞房，不料此時，哈桑．歐皮爾先生因高興過度突發心臟病，於當晚去世。哈桑．歐皮爾先生的孩子全都認為哈桑死得蹊蹺，便向法院指控密倫，並不准密倫繼承哈桑的財產。

法院經過兩天的調查，出示哈桑婚前遞交法院公證的一份資料，上面寫著一段話：「我知道自己已年老力衰，與密倫小姐結婚，就是為了將我全部的財產奉獻給她。密倫小姐是個純潔的姑娘，她長得的確不美。我娶她，不是真的要占有她，而是以全部的財產報答這位好心人。」這份公證資料，是哈桑．歐皮爾徵得密倫·肯南小姐同意結婚後的當天晚上，由他的總管直接送交公證部門的。因此，老哈桑財產的繼承人應該是密倫·肯南小姐。而且哈桑·歐皮爾還指定其財產不再分給其他的親屬和子女，因而他的兒孫們的指控完全無效。於是，密倫·肯南小姐一夜之間成了一位喪偶的百萬女「財主」。

歐皮爾先生在病床上，沒有得到兒子的照料；在他的遺產繼承上，卻得到兒子的「關注」。如果，兒子不是過分地自私，歐皮爾先生也不會寫下如此一份遺囑。歐皮爾先生深知自私的兒子會覬覦他的遺產，才立下如此明確的遺囑。

自私心過重的人，必然會得到相應的「回報」。

不可交的六種人

這兩天隨易瀏覽網站，發現了一則短文，是告訴人們不要和六種人交朋友的內容，請大家不妨看看這位作者的看法。

①不懂孝順者：孝順是種美德，也是一個人人品好壞的最重要標準。孝順父母、長輩是每一個有良心的人都應該做的。很難想像，一個不孝順的人會用一種真誠、寬容的心來與朋友相知相惜嗎？

②大男人主義者：上帝造人時雖然在性格、體格上讓男女些許的不同，但是毫無疑問，男女在實際生活中的地位應當是平等的。大男人主義者片面強調了自己作為男人的一些體格上的優勢，對女子的優點視而不見，他們相信只有男子才是這個世界的主宰者，而女人充其量只是一種配角。他們把女人看作是操持家務的主婦、出外遊玩的玩伴。大男人主義者所表現出來的深層次人品是：非平等主義，或者叫歧視主義。表面上是對女子的歧視，引申下去就是對民族、種族不平等的歧視態度。剖析其內心，我們可以知道，其實導致大男人主義產生的根源是大男人主義者內心的自卑感。

③一心為錢者：現實生活是一個既實在又無奈的社會，絕大多數人工作的最大目的還是為了謀生。錢對於我們來說是一個很重的字眼，但是我們並不一定要把「錢」這個字眼時時掛在嘴邊。我不認為自己有多純潔，有多「脫俗」，但是如果和一個嘴邊常常掛著「錢」，一心為錢的人交朋友，我還是會毫不猶豫地說「不」。金錢只是人謀生所必須的，除此之外，錢一無是處，把錢看得過重，就意味著會把人世間最美好的親情、友情、愛情看輕。試問，這樣的「朋友」，有誰願意與之真心往來？

④外遇者：婚姻是愛情最美好且圓滿的結局與回歸。和自己傾心相愛的人真心相守地共度一生，是許許多多青年男女共同的追求。可是從現實中我們可以發現，許多婚姻都存在著外遇的現象。外遇者雖然不能說是道德敗壞者，但是至少可以說是道德涵養不高的一種人。

⑤「貶低別人，抬高自己」者：調查中，我們可以發現，現實生活中往往存在著這樣一種人：他們往往想盡辦法來打擊別人，藉貶低別人來抬高自己。他們自身往往是沒自信的一族。心理學原理告訴我們：人如果沒自信，容易導致在現實生活與人相處時產生自卑心理（這種自卑心理往往不為這類人本身所覺察，有很強的隱蔽性），由此便產生了「貶低別人以抬高自己」的想法。

⑥口口聲聲「愛國」主義者：這類人往往滿口大道理，其實心裡極為自私，要知道：真正愛國的人是不會張口閉口言愛國的。這一類人往往是虛偽的一群人。

作者把不孝順的人，列為第一種不能交的朋友，的確可以看出「不孝子」是不能夠信任的，他們這種人沒有資格做你的朋友。

孝順是一種美德

孝順父母是種美德，尊敬長輩，奉養老人，不僅是報答養育的深恩，也是一種義不容辭的社會責任。

孝道自古有孝、順二義，孝易順難。順有當順不當順之別，設事悖於理，情不洽眾，子女不能拂然而去，還需婉轉進言，使老人煥然釋懷，欣然認同，斯為正格，這也是一種孝道。宋儒謂「天下無不是的父母」，事實上家庭失和與許多不幸事故的產生，父母的偏執亦為其造因，值得人們虛心省察。至於孝養之道，一為養其體，二為養其志。養其體是生活上的照顧要周到，養其志是要子女承志繼烈，光耀門楣，對社會國家有所貢獻，兩者都有交代，方於孝道無虧，值得年輕人深思。

古語說「孝為百行先」、「求忠臣必於孝子之門」這些話反應從古至今，都是以「是否孝順父母」作為道德評價的重要標準。試問，一個連自己父母都不孝順不扶養的人，難道能會關心他人，會熱愛社會，會全心全意為國家服務嗎？

別讓人賣了還在幫人算錢——
詭譎多變的世道，這些人你不得不小心

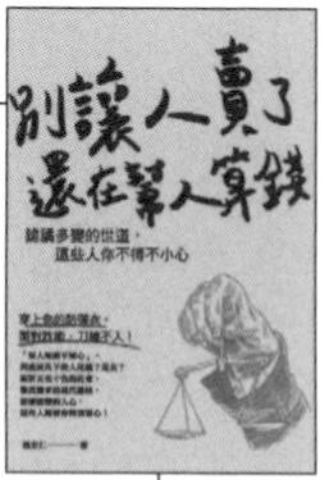

作　　者　孫宏仁

發 行 人　林敬彬
主　　編　楊安瑜
編　　輯　郭憶萱
內頁編排　方皓承
封面設計　林子揚
編輯協力　陳于雯、丁顯維

出　　版　大都會文化事業有限公司
發　　行　大都會文化事業有限公司
11051 台北市信義區基隆路一段 432 號 4 樓之 9
讀者服務專線：（02）27235216
讀者服務傳真：（02）27235220
電子郵件信箱：metro@ms21.hinet.net
網　　　址：www.metrobook.com.tw

郵政劃撥　14050529 大都會文化事業有限公司
出版日期　2018 年 05 月初版一刷
定　　價　300 元
I S B N　978-986-96238-4-1
書　　號　Growth-100

Cover Photography：Shutterstock Inc./ 373234036

國家圖書館出版品預行編目(CIP)資料

別讓人賣了還在幫人算錢：詭譎多變的世道，
這些人你不得不小心 / 孫大為著. -- 初版. --
臺北市：大都會文化, 2018.05
304面 ;14.8x21公分
ISBN 978-986-96238-4-1(平裝)

1.人際關係 2.成功法

177.3　　107005034

大都會文化 讀者服務卡

書名：別讓人賣了還在幫人算錢─詭譎多變的世道，這些人你不得不小心

謝謝您選擇了這本書！期待您的支持與建議，讓我們能有更多聯繫與互動的機會。

A. 您在何時購得本書：______年______月______日

B. 您在何處購得本書：___________書店，位於___________(市、縣)

C. 您從哪裡得知本書的消息：

1.□書店 2.□報章雜誌 3.□電台活動 4.□網路資訊

5.□書籤宣傳品等 6.□親友介紹 7.□書評 8.□其他

D. 您購買本書的動機：（可複選）

1.□對主題或內容感興趣 2.□工作需要 3.□生活需要

4.□自我進修 5.□內容為流行熱門話題 6.□其他

E. 您最喜歡本書的：（可複選）

1.□內容題材 2.□字體大小 3.□翻譯文筆 4.□封面 5.□編排方式 6.□其他

F. 您認為本書的封面：1.□非常出色 2.□普通 3.□毫不起眼 4.□其他

G. 您認為本書的編排：1.□非常出色 2.□普通 3.□毫不起眼 4.□其他

H. 您通常以哪些方式購書：(可複選)

1.□逛書店 2.□書展 3.□劃撥郵購 4.□團體訂購 5.□網路購書 6.□其他

I. 您希望我們出版哪類書籍：（可複選）

1.□旅遊 2.□流行文化 3.□生活休閒 4.□美容保養 5.□散文小品

6.□科學新知 7.□藝術音樂 8.□致富理財 9.□工商企管 10.□科幻推理

11.□史哲類 12.□勵志傳記 13.□電影小說 14.□語言學習（____語）

15.□幽默諧趣 16.□其他

J. 您對本書(系)的建議：

____

K. 您對本出版社的建議：

____

讀者小檔案

姓名：______________ 性別：□男 □女 生日：____年____月____日

年齡：□20歲以下 □21～30歲 □31～40歲 □41～50歲 □51歲以上

職業：1.□學生 2.□軍公教 3.□大眾傳播 4.□服務業 5.□金融業 6.□製造業

7.□資訊業 8.□自由業 9.□家管 10.□退休 11.□其他

學歷：□國小或以下 □國中 □高中／高職 □大學／大專 □研究所以上

通訊地址：_______________________________________

電話：（H）______________（O）______________ 傳真：______________

行動電話：______________ E-Mail：______________________

◎謝謝您購買本書，歡迎您上大都會文化網站（www.metrobook.com.tw）登錄會員，或至Facebook（www.facebook.com/metrobook2）為我們按個讚，您將不定期收到最新的圖書訊息與電子報。

別讓人賣了還在幫人算錢

詭譎多變的世道，
這些人你不得不小心

北區郵政管理局
登記證北台字第9125號
免貼郵票

大都會文化事業有限公司
讀者服務部 收

110台北市基隆路一段432號4樓之9

寄回這張服務卡〔免貼郵票〕
您可以：
◎不定期收到最新出版訊息
◎參加各項回饋優惠活動

大都會文化
METROPOLITAN CULTURE

大都會文化
METROPOLITAN CULTURE

大都會文化
METROPOLITAN CULTURE

大都會文化
METROPOLITAN CULTURE